浦和レッズ変革の四年

サッカー新聞エルゴラッソ浦和番記者が見たミシャレッズの１４４２日

JN168380

ELGOLAZO BOOKS

菊地正典
Masanori Kikuchi

SQUAD

プロローグ

――元日。ロイヤルボックスを見上げたあとに――

2016年元日、味の素スタジアム。

天皇杯決勝を終え、最後までミックスゾーンに残っていたのは阿部勇樹だった。すでに囲み取材を終えていたが、顔なじみの記者に囲まれるとその思いを吐露した。

「継続してやっていかないといけない。今までも継続してやってきた中でタイトルを獲れれば……。やっぱり今日勝って、続けていきたかった」

話し始めて1分ほど経った頃だろうか。阿部は言葉を詰まらせ、深く呼吸をしながら話すようになっていた。

「何回も悔しさしか残らない。元日に大勢の方たちが来てくれて、終わった時に笑って新年を迎えられなかったのが一番残念だし…啓太が…最後だったから、良い形で新しい思い出を作りたいって思っていたので…」

目からは涙がこぼれていた。「それだけが残念」。最後にそう言葉を振り絞り、阿部は去っていった。

失意のチャンピオンシップ敗退から約1か月後に迎えた2015シーズン最後の大会、天皇杯。準々決勝の神戸戦は3－0、準決勝の柏戦は1－0で勝利して9年ぶりの元日決勝に駒を進めたが、1－2でＧ大阪に敗れた。勝利していれば優勝が決まっていた昨季のリーグ第32節、そして今季のチャンピオンシップ準決勝と同じ相手に敗れ、相手がロイヤルボックスでカップを掲げて歓喜する姿を見上げなければならなかった。

対戦相手のＧ大阪は、リーグ戦、ナビスコカップでともに2位に終わり、最後の天皇杯でタイトルを獲得した。「主要タイトル３つとも2位だったら立ち直れないな、と。10個シルバーを集めても金にはならないので」と語る長谷川健太監督からは安堵の様子がうかがえたが、その言葉はまるで浦和に突きつけられたようにも感じられた。

ミシャレッズにとって、タイトルは近くて遠い。

しかしそれでも、選手たちはこのチームでタイトルを獲得したいという思いをさらに強くしていた。興梠慎三は敗戦に落胆しながらも、「これでまた浦和でタイトルを獲りたいという気持ちが昂ぶった」と決意を新たにしていた。

宇賀神友弥も強い思いを示した。「このサッカーで、どうしても結果を残したい」「このサッカー」。それは、ミシャことミハイロ・ペトロヴィッチ監督のサッカーだ。

２０１５年に加入してほぼ1年をレギュラーとして戦った武藤雄樹は加入前と加入し

てからのミシャのイメージの違いについて次のように話していた。

「なんとなく攻撃的なサッカーで、みんな自由にやっているんだなと思っていたけど、そうではなかった」

武藤はそうではないことを知ると同時に、チームに「ミシャのサッカーで勝ちたい」という空気ができあがっていることも感じた。

「ミシャのサッカーをやっていると、選手は判断をものすごく要求されるし、うまくなっているなという実感がある。それがあるからこそ楽しさもあるし、だからこそこれで勝ちたいというのがあるんじゃないかなと思う」

また、2013年に加入した西川は、「ウチのサッカーだから毎日楽しいんだろうなって思う」のだという。そこにはGKもビルドアップに積極的にかかわることなど、「これまでのGKの概念を覆していくような」志向があるからで、「とにかく結果で恩返しをしたい。ミシャを笑顔にしたい」と屈託のない笑顔で話していた。

2015年限りでの現役引退を発表した鈴木は、指導を受けた監督の中でハンス・オフト監督とイビツァ・オシム監督の影響を問われると、「忘れてはいけないのはミシャ」と笑いつつ、受けた影響について次のように話した。

「2010年、なかなかコンディションやパフォーマンスが上がらなかった時にもうサッカーを辞めたいなと思っていた時期もあった。その後に残留争いをして、本当に苦しいシーズンを送り、このままレッズにいても力になれないいんじゃないかなということを感じているときに、ミシャが来た。（ミシャに）自分が背負っている重荷やプレッシャーに対して、『そんなこと考えなくていいんだ。毎日、サッカーがやりたい、サッカーが楽しいって思って大原に来てくれ』と言ってもらって、そこから僕のプロとしての第2のサッカー人生が始まった」

敗れてなお、選手と監督の信頼関係は揺るがない。「このサッカー」への情熱も尽きない。

2011年の残留争いという危機から、チームを立て直すために、ミシャは浦和にやって来た。そして彼が率いた4年間で、浦和は確実に変わった。

実際にミシャがどうチームを作っていったのか。浦和というチームがミシャの下でどう成長してきたのか。ミシャレッズの変革4年間を、ここに記したい。

目次

第1章 誕生

2011シーズン

国内最大のクラブに訪れた危機

２０１１シーズン、浦和を史上二度目の危機が襲っていた。

最初の危機は１９９９年に訪れた。

浦和は発足元年の１９９３年からJリーグに所属しながらも、２シーズン連続で最下位に沈み、Jリーグのお荷物と揶揄された。ただ、まだこの時期はリーグが１部制で降格はなかった。その後、１９９５年にホルガー・オジェック監督の下で１ｓｔステージ３位、年間４位と躍進し、福田正博がJリーグ史上初の日本人得点王に輝いた時代もあったが、１９９９年からリーグが２部制に移行すると、その年に16チーム中15位に沈み、J２降格の憂き目に遭う。前年の好成績から開幕前に戦力を満足に上積みすることなく臨み、加えて福田や小野伸二といった主力の負傷が相次いだ結果の低迷――。浦和は最初の危機を乗り越えることができなかった。

しかし、浦和はその翌年にＪ１に這い上がってくると、そこからは輝かしい時代を迎える。

２００２年にハンス・オフト監督を招聘すると、２００３年にはナビスコカップを制して初めてのタイトルを獲得。翌２００４年には、ギド・ブッフバルト監督の下、Ｊリーグ２ｎｄステージで優勝を果たす。チャンピオンシップで横浜Ｆ・マリノスに２連敗して、悲願のリーグタイトルには届かなかったが、２００５年には天皇杯を制覇、２００６年にはゼロックススーパーカップ、Ｊ1リーグを制し、天皇杯でも連覇を果たした。

この黄金期のピークは、２００７年のことだ。再びホルガー・オジェック監督が率いた浦和は、ＡＦＣチャンピオンズリーグ（ＡＣＬ）を制して、ＦＩＦＡクラブＷ杯に出場し、欧州王者のＡＣミランと接戦を演じてみせた。この大会で3位となり、「アジアに浦和レッズあり」を強く印象付けた。

このシーズンを頂点に、以降は少しずつ順位を下げていく。２００８年は7位。

２００９年は６位。２０１０年は10位。そして２０１１年、浦和は二度目の危機に直面した。

優勝争いから遠ざかったクラブは、２０１１シーズン、ゼリコ・ペトロヴィッチを監督に迎えた。

現役時代、ユーゴスラビア代表にも選出されたゼリコ・ペトロヴィッチは、１９９７年11月から２０００年９月まで選手として浦和で活躍した。現役引退後、２００６年にポルトガルのボアビスタで監督としてのキャリアをスタートさせると、その後はオランダのＲＫＣの監督、ドイツのハンブルガーＳＶでアシスタントコーチ、イングランドのウェスト・ハムでもアシスタントコーチを務め、指導者としての実績を積んでいた。

クラブＯＢであり、浦和に対して強い愛情を示したゼリコ・ペトロヴィッチ監督には、中位に甘んじていたクラブを、再び上位に導くことが期待されていた。

２０１０シーズン限りで、Ｊリーグ史上有数の外国人助っ人に挙げられるロブソン・ポンテが退団し、ブラジルに帰国していたものの、ゼリコ・ペトロヴィッチ監督には、優勝を争ってもおかしくない戦力が与えられた。そしてクラブは「２０１１シーズンの浦和レッズは、『強くて魅力あるサッカー』を求めて長期的に取り組むレッズスタイル構築の次の段階に進みます。『レッズスタイル構築』というこれまでの挑戦を継続しながら、これを強化、修正していきます。ペトロヴィッチ氏を監督とする新体制のもと、過程と結果の両面を同時に追求します。２０１１シーズンの目標として、５年ぶりのＪリーグ優勝を掲げて闘います」と宣言した。

ところが、開幕戦で黒星を喫すると、中位を維持するどころか、降格圏をさまよい続けることになる。ゼリコ・ペトロヴィッチ監督は、前線を３枚にしてウイングを生かすオランダスタイルのサッカーを取り入れたが、結果として左サイドに入った原口元気のドリブルを生かす攻撃に偏ってしまい、チームとしての連動性を欠いていた。

そして９月11日に行われたＪ１第25節、モンテディオ山形戦後にクラブは強化の最高責任者である柱谷幸一ゼネラル・マネージャーを解任。橋本光夫代表（当時）は解任について「試合前から決めていた」とすると、「チームが一丸となって戦う上で、クラブとチームがもっとコミュニケーションを取っていく必要がある。柱谷さんは監督経験があり、自らが現場に意見することを遠慮していた」と理由を説明した。そして成績不振で同時に解任を求める声も挙がっていた監督のポストについては、「監督とクラブ、監督と選手はうまくいっている。監督を交代すると現場に混乱が起こる。今は監督継続がベスト」とゼリコ・ペトロヴィッチ監督の留任を決めた。

その後、ナビスコカップ2回戦で大宮アルディージャに2戦合計4－1、準々決勝でセレッソ大阪に2－1、準決勝でガンバ大阪に2－1で勝利して決勝進出を決めたものの、リーグ戦では上昇の兆しが見えない。第25節終了時点で15位だった順位も10月15日に行われた第29節、大宮とのさいたまダービーを0－1で落とすと、いよいよ降格圏の16位に沈んだ。

ゼリコ・ペトロヴィッチ監督は大宮戦後の会見で「自分たちは顔を上げて残り5試合に臨まないといけない。このクラブはJ1に残らないといけない」と巻き返しを誓いながらも、「残りの5試合が終わったらこのクラブには残らないことを決めた」と2011シーズン限りでの辞意を突然表明。するとクラブは大宮戦から5日後の10月20日にゼリコ・ペトロヴィッチ監督の解任を発表する。クラブは明らかに迷走していた。

当時の心境についてキャプテンを務めていた鈴木啓太は「キツかった」と振り返る。「何をやってもうまくいかないし、もちろんいろいろなことを変えようと思ったけど、一度ハマっちゃうとなかなか抜け出せない。自分のやり方が良くないのかな？とか、いろいろ考えたし、とにかく苦しかった」

チーム状態はどん底だった。シーズン開幕前にクラブが掲げた「レッズスタイルの構築」からも「目標達成のため、チーム・クラブが一丸となって闘う体制を構築しながら、粘り強く、覚悟をもって、強くて魅力あるチームづくりを進める」からもほど遠い状態である。

降格圏で迎えるリーグ戦の「ラスト5」。火中の栗を拾ったのは、ユースで監督を務めていた堀孝史だった。初戦の横浜F・マリノス戦までの準備期間はわずか2日間。堀監督は、「4－3－3」で基本的にはポジションチェンジやオーバーラップを制限しながらポジションやバランスをキープしていたゼリコ・ペトロヴィッチ監督のサッカーから、「4－1－4－1」で守備を厚くしながら、攻撃時には中盤が積極的に飛び出していく戦術に方向転換を試みる。浦和ユースでは見慣れた布陣、戦い方だった。準備期間が少ないがゆえの混乱も不安視され、実際に試合では4分という早い時間帯に先制を許したものの、後半に入ると50分に原口、61分に梅崎司がゴールを決めて逆転に成功。リーグ戦で実に9試合ぶりとなる勝利を収めた。試合後に、原口は涙を流していた。選手やチームはそれほどまでに追い込まれていたのだ。

その後、鹿島アントラーズと対戦したナビスコカップの決勝では後半早々の山田直輝の退場もあって防戦一方を強いられ、延長戦の末に0－1で敗戦。リーグ戦の第31節、ジュビロ磐田戦は前日に16位の甲府が敗れ、勝利していれば残り3試合で勝ち点5差と大きなアドバンテージを得られるところだったが、0－3で敗戦を喫する。天皇杯3回戦の東京ヴェルディ戦はユースの矢島慎也が先発出場、西袋裕太、野崎雅也、新井純平がベンチ入りし、主力の多くを温存させながら2－1で勝利。続く第32節の仙台戦はなかなか得点できない展開が続いたものの、守備陣が奮闘して仙台にチャンスを作らせずに0－0で試合を終えて勝ち点1を積み上げる。そして第33節のアビスパ福岡戦。最終節の相手が優勝争いをしている柏レイソルであることを考えれば、この福岡戦は何としても勝ちたい試合だった。試合は32分に先制を許す苦しい展開となったが、前半アディ

ショナルタイムに柏木のゴールで同点に追い付くと、62分にマルシオ・リシャルデスがPKを決めて逆転勝利。16位の甲府も勝利したため勝ち点差は広がらなかったが、残り1試合で勝ち点3差、得失点差で14ポイントものリードを得ていたため、ここで残留が事実上決定した。

最終節の柏戦は1－3で敗れて埼スタで優勝を決められるという屈辱を味わったが、浦和は史上2度目の危機を乗り越えてみせた。しかし、そこには、日本、アジアの頂点を極めた、かつての面影はなかった。

〝もう一人のペトロヴィッチ〟に託された使命

アジア王者の栄光から、たった4年での凋落。地に落ちかけたチームは、変化を必要としていた。

堀監督は2011シーズン限りの期間限定とし、クラブはシーズン中から翌年の監督をリストアップしていた。当時、クラブが求めたのは実績があり、ゼネラル・マネージャーも兼任できるような日本人監督。まず岡田武史、西野朗の名前が挙がった。岡田は、日本代表を2度のW杯出場に導き、2010年南アフリカ大会では、過去最高タイとなるベスト16に導いた。また、クラブレベルでも、横浜FMやコンサドーレ札幌を指揮し、横浜FM時代の2004年には、浦和とのチャンピオンシップを制すなど、2度のJリーグ制覇を成し遂げている。西野は旧浦和市出身であり、1996年のアトランタ五輪でブラジル代表を破る『マイアミの奇跡』を起こしたU－23日本代表を率いた。その後、柏の監督を経て、2002年にG大阪の監督に就任すると、当時、無冠だったクラブを国内屈指の強豪クラブにまで引き上げていた。

第一候補は西野とも言われたが、G大阪が優勝争いをしていたために直接交渉ができず、まずは岡田氏に接触。「来週にも成立」という報道も出たが、結局折り合いがつかずに交渉は頓挫した。続いてG大阪の監督から退くことが正式に発表された西野ともシーズン終了後に交渉し、西野は浦和の再建に意欲、やりがいを感じながらも、G大阪の監督を退いた直後で力が出ないことを理由に断ったと伝えられている。西野から正式に断りの連絡があった翌日、今度は清水で下位に沈んでいたチームをリーグ戦で上位に押し上げ、タイトルこそないもののナビスコカップで1回、天皇杯で2回、決勝に進出した実績もある長谷川健太の名前も監督候補として浮上している。

しかし、浦和の次期監督が正式に発表されたのは、西野から断りが入ったわずか2日後の12月14日のことだった。浦和が未来を託したのは、〝もう一人のペトロヴィッチ〟――ミハイロ・ペトロヴィッチ。「ミシャ」の愛称で親しまれる指揮官だ。

セルビア（旧ユーゴスラビア）出身のミシャは、セルビアの名門、レッドスター・ベオグラードのユースにスカウトされ、1974年にレンタル先のFKラド・ベオグラードでプロデビューを果たすと、レッドスターやクロアチアのディナモ・ザグレブを経てオーストリアのSKシュトゥルム・グラーツでクラブ史上初の外国人キャプテンを務めるなど、各国の名門クラブで活躍し、1993年に現役を引退。引退後はオーストリアのSVペラウですぐさま監督業を開始した。その後シュトゥルム・グラーツのアシスタントコーチ兼アマチュアチームの監督、スロベニアのNKプリモアージェ、NKドモザーレ、オリンピア・ライバッハ、シュトゥルム・グラーツの監督などを経て、2006年6月に日本にやってくる。低迷していたサンフレッチェ広島を立て直すためだった。

結果として、ミシャは広島で2006年から2011年までの5年半にわたって指揮を執り、大きな足跡を残すことになる。

2006シーズン途中に広島の監督に就任すると、すぐにチームの改革に乗り出した。選手のポジションを再考し、ポテンシャルを秘めた若手を積極的に起用していく。その代表格が、いまやJリーグを代表する選手となった柏木陽介や青山敏弘である。ミシャの大胆な改革で活力を取り戻した広島は、開幕からリーグ戦10試合未勝利というクラブワースト記録から、最終的には10位でシーズンを終えることになる。

２００７年は前年に二人で34得点を叩きだした佐藤寿人とウェズレイのコンビが相手に研究されたこともあり、大苦戦を強いられた。攻撃の機能不全だけでなく、守備も崩れてリーグワーストの71失点。最終的に16位でリーグ戦を終えてＪ１・Ｊ２入れ替え戦に回ると、京都サンガF.C.に敗れてＪ２に降格してしまった。

一般的に、チームを降格させた監督が次のシーズンも続投することはほとんどない。しかし広島は攻撃的な戦術と選手から絶大な信頼を得ていることを理由に、ミシャを留任させるという異例の決断を下した。

２０１２年から２０１５年までの４年間で３度のリーグタイトルを獲得したいまの広島があるのは、このときの決断があったからだろう。戦いの舞台をＪ２に移しながらも、ミシャが留任した２００８年の広島は、ウェズレイ、駒野友一を除いて主力選手が残留すると、シーズン開幕前のゼロックス・スーパーカップで大会初のＪ２クラブ優勝を達成。その後に幕を開けたＪ２でも圧倒的な力を見せ付け、第１節から一度も首位を譲らずに９月中に５試合を残して優勝を決めると、最終的に31勝７分４敗で２位の山形に22ポイント差をもつける勝ち点100、得点99、失点35という圧巻の数字を残した。柏木や青山に加えて槙野智章、森脇良太、高萩洋次郎といった才能をじっくりと磨くことができたのも、この1年の大きな収穫だった。

いまでは、J2に降格しながら、監督を続投させるケースも少なくない。2013年の湘南ベルマーレ・曺貴裁監督、2015年の松本山雅FC・反町康治監督などがその例として挙がるだろう。チームとしての目指す方向性やビジョン、信念を貫き、J1に復帰したときにしっかりと戦うための土台をもう一度J2で作る――。その先駆けとなったのが広島時代のミシャだったのだ。

J1に戻った2009年以降の広島は、2009年にリーグ戦4位、2010年、2011年は7位と安定した戦いを見せていた。カップ戦も含めて、タイトルにも手が届きそうだった。

しかし、2011年の11月にミシャとの契約非更新を発表する。理由はクラブの財政問題で、2012年からのクラブライセンス制度導入を前に、外国人監督を雇い続けられる状況にはなかった。

そのタイミングで、ミシャに白羽の矢を立てたのが浦和だった。

浦和の監督に就任することが決まったミシャは、発表から３日後の12月17日、天皇杯4回戦の愛媛戦が行われた熊谷スポーツ文化公園陸上競技場に姿を見せ、エレベーターから出た際に無数のフラッシュを浴びると、「私はメッシではありませんよ」と冗談を言った。これが〝浦和のミシャ〟としての公での第一声だった。

そして翌年1月20日、ミシャは橋本代表、山道守彦強化本部長とともに就任会見に臨んだ。

橋本代表は「強いチームを目指すという大きな目標に向かった歩みを停滞、後退させてしまった」と２０１１シーズンの反省の弁を述べるとともに、「２０１２シーズンは、浦和レッズのクラブ創設20周年の記念の年となる。クラブのビジョンの原点に立ち返って活動を進めていきたいと思っている。その推進役となる、強くて魅力あるチームを作るということを、クラブの最重要課題として取り組んでいく。２０１２シーズンはクラブの信認回復とあわせて、チームの再生、再建に取り組んでいく」と復活を誓った。

橋本代表から「そのチームの肝となる監督の選任に関しては、経緯と考え方を含めて強化部長からご説明をさせて頂きます」と託された山道強化部長は、「残留に向けて非常に苦しい戦いをした。その時、チームを（J1に）残さないといけないということと同時に、もう一度輝くためには何を変えなければいけないか、レッズを変えなければいけないという思いがあった。必ず変えたいと思っていた。若い選手がいたり、経験豊富な選手ばかりではない状況の中で、実績と経験があって、戦術的、戦略的に引き出しがあって、クラブを安定させられる方に監督を任せる。つまり一流の監督に任せないと変われないのではないかと思った」と監督の選考基準をあらためて説明。そして「紆余曲折が正直言ってあった」と複数の監督候補に断られたことを暗に示しながら、こう続けている。

「広島に行って、監督と話をしてレッズに対してのリスペクト、サッカーに対する考え方、情熱を聞き、ポジティブにやろう、チームで闘おうという言葉を聞いて、お任せして良い仕事をともにできると確信をしている。監督を選んだ経緯に関しては、チームを変えるために必要な指揮官が、ミシャ監督だったということ」。

広島で若手を育てながらチームを強化したこと、独特の戦術でＪリーグを席巻したこと、そして選手に信頼される人柄とサッカーへの情熱が主な理由だ。

ミシャは「私が監督として浦和レッズというチームを率いることは、本当に興味深い課題だと思っている。私は２００６年に日本に来て仕事を始めたが、その時に浦和はリーグ優勝をし、２００７年にはアジアチャンピオンになった。その時、私は他のチーム（広島）から浦和というチームを見ていたが、浦和が持っているポテンシャルは本当に大きいと感じたし、素晴らしい状況だと感じていた。その後、浦和は昨シーズンまで、あまりうまくいっていない状況だったが、計画した通りにいかないのもサッカーだと思う」と、山道強化部長が言う「浦和に対するリスペクト」をまずは示した。そして浦和からオファーが来た時の気持ちを問われると、「私は正直な人間なので正直なことを話す」と前置きした上で、「広島で過ごした時間は私にとって、私の家族にとって、夢のような素晴らしい時間だった。その仕事を始めた２００６年のシーズンは浦和レッズがリーグ優勝をした年だった。その優勝したシーンをＴＶで見ていて、日本でこれほどのことが起こるのかと感じた。私にとってはバイエルン・ミュンヘンやレアル・マドリードが優勝した時のような雰囲気をＴＶで見ることができた。その時、私の夢はいつか浦和の監督になることだと思った」と心境を明かしている。

また、「監督として自分自身で二つの目標を持ってやりたいと思っている」とも話した。一つ目は「選手がトレーニングをする中で、ポジティブな雰囲気を作っていきたい。そしてこのクラブで働いている方にも、応援してくれているファン・サポーターの皆さんにもポジティブな雰囲気を持っていただきたい。ポジティブなものを持ってわれわれが進めていくということ、私はそれを最初にやっていきたいと思っている。私は最初のわれわれのトレーニングの日から選手の笑顔が見たい。そして選手が自ら喜んでトレーニングに来るようになってほしい。やはりサッカーというものは、自分自身が喜びを持って、楽しみを持ってやらなければできないスポーツだと私は思っている」という雰囲気作り。そして二つ目は「しっかりとしたチームを作り上げること。チームとしていかにまとまって戦えるか。そこを課題としてやりたい。どの選手も第一にチームのためにプレーしてほしい。チームが勝利するために戦うということ。そこを選手にしっかりやってほしい」とチーム作りの方針について話した。それは２０１１年に、外から浦和を見て感じたことの裏返しでもある。「これまで私が浦和を見てきた中で感じたことは、浦和には個人能力が高い選手がいるということ。しかしながら、私が先ほど言ったことと逆な選手がいたんじゃないかと感じた。やはりそれは逆ではいけない。まずはチーム。そして、その後に自分の目標。それをしっかりと選手の意識の中に持ってやってほしい」。

山道強化本部長にとっての使命であり、同時にミシャに託された使命。

「レッズを変えなければいけない」

この命題を与えられ、ミシャ政権はスタートしたのだった。

再録インタビュー　ミハイロ・ペトロヴィッチ監督

INTERVIEW 2012

（取材日）2012年2月13日　（掲載日）2月20日発売号エル・ゴラッソ本紙　（聞き手）菊地 正典

私は愛情を持って選手たちを育てる

　2007年のアジア制覇後に低迷した浦和は、その後の4年間で5人の監督を起用した。昨季の厳しい残留争いを経た今季、まさに生まれ変わろうとしている。チームを率いるのは〝ミシャ〟ことミハイロ・ペトロヴィッチ。説明は不要だろう。2006年に広島の監督に就任すると若手を育成しながら攻撃的なサッカーをチームに植え付け、旋風を巻き起こした。その約6年間で選手、スタッフ、そしてファン・サポーターから大いに愛された。彼がもたらしたフィロソフィーは、いまや広島のDNAになったと言っても過言ではない。次なる舞台となったのは、ビッグクラブ・浦和。チームが始動して3週間が経ったいま、その目に見えているものとは？

新しいスタイル、システムへのトライ

――チームが始動して3週間ほど経ちます。いまの手ごたえは？

「もし私がここで『良くない』と言えば、クビになるかもしれませんので、『ここまではOKだ』と言っておきましょう（笑）。サッカーですので、プロセスを追っていかなければいけません。それを考えれば、3日、あるいは3週間で何かが大きく前進する、目指しているものがすぐに出来上がるということはありません。選手にとっては決して簡単な3週間ではなかったと思います。練習のやり方も変わりましたし、目指すサッカーのスタイルも変わりました。そういった新しいスタイル、システムでやっていく中で、新しいアイディアも求められるでしょう。選手たちにとっては簡単な3週間ではなかったでしょうが、われわれがどういうスタイルでどういうサッカーを目指していくのかは理解してくれているんじゃないかと。それがこの3週間で、できてきたことだと思います」

――「できてきたこと」というと、トレーニングや練習試合で監督が目指すスタイルを見られるシーンが増えています。今日（13日）の練習試合・全南ドラゴンズ戦

（第1試合0△0、第2試合1△1）では特に柏木選手と原口選手がよく連動できていたように見えました。

「（柏木）陽介と（原口）元気に関しては、相手のディフェンスラインと中盤のギャップに入って、そこでうまくボールを引き出せていたと思います。コンビネーションに関しては良くなっていると感じていますけれども、ただやはりラストパスであったり、最後のシュートであったり、そういったところの精度はまだ足りていないと感じています。まだリーグ開幕までには時間がありますので、残りの時間でそういった部分に関しての精度を高めていくと思います」

――「ラストパスの精度」という話でしたが、一方でFCソウル戦（11日、1●4）のポポ選手、全南戦でのデスポトビッチ選手と、1トップに入った選手がボールを収められずに攻撃が途切れてしまった印象があります。

「ポポにしてもランコ（・デスポトビッチ）にしても、あそこのポジションでやる選手は、どこにポジションを取って、どのタイミングでボールを受けに行くかというところはできていると思います。ですが、受けてからの持ち出しだったり、パスの精度だったり、あるいは3人目を使うパスだったり、そういった部分での課題はあります。ただ、われわれはそれができないことについて文句を言っていても仕方がありません。とにかく練習で繰り返しやっていくしかないのです。そこのポジションについてはマルシオ（・リシャルデス）もできると思っていますので、彼がけがから帰ってきたところで候補になります。とにかくいまはできる選手が、その役割をしっかりこなせるよう、反復して練習を積み重ねるだけでしょう」

――先ほど「プロセス」とおっしゃいましたが、どういう手順でチーム作りを進めていかれるのでしょうか？

「本来新しいチームを作るのであれば、例えば1年、そういうスパンで考えていくのがこの世界では普通のことです。ただ、浦和というチームの置かれている環境においては、必ずしも時間は与えられないものです。われわれはここまで3週間やってきましたが、開幕まで残り4週間の中で、できるだけチームとしてやろうとしていることを、プロセスを踏みながら完成させていくしかありません。この指宿キャンプでは練習試合を多くこなしながら、練習と練習試合を繰り返しながら、自分たちがどこまでできていて、どこができていないのかを確認しながら進めていこうと思っています。浦和に帰ってからは（開幕まで）残り3週間ほどになりますが、そこからはよりコンビネーションの精度、より危険な攻撃をしかけていくための仕上げの段階に入っていくと思います。そういう精度を一層求めた練習をしていこうと考えています。そして昨季よりも良いサッカーをして、良い結果を残すためにシーズンを戦っていきたいですね。もちろん、シーズン中もわれわれは1試合1試合ステップアップしていけると思っていますが、とりあえずは開幕までが一つの区切りだと考えています」

あくまでも自分の信念を貫く

――開幕までに最低限こういうチームにしておきたい、ということはありますか？

「今季は多くのチームが監督を代えているし、多くの選手が移籍しています。そういう中で、リーグが始まって4、5試合ぐらい過ぎないと、なかなか自分たちの立ち位置は分からないでしょう。ただ、われわれはリーグ開幕戦で100%の力を発揮できるように持っていきたいと私自身は思っています。そこがマックスかというとそうではないのですが、そこまでの時間の中での100%を開幕戦にぶつけたい。とは言っても、リーグ戦はそこまでやってきた練習試合とは別物です。サポーターもいればメディアもいれば、いろいろなプレッシャーがかかってくる中でのゲームになる。そのようなゲームに慣れていくためには、何試合か消化して初めて、チームとしてどういうことができるのかが見えてくると思いますし、そういった意味ではどこまでにどうとは言いづらい部分はあります」

――「浦和は時間を与えられない」とおっしゃいましたが、監督のサッカーはいわば結果至上主義ではなく、内容も求めるものだと思います。理想を求めながらも勝利できない、内容が良くても勝てない、という試合もあるでしょうし、仮にそういう試合が開幕から続いてしまうと、周囲は騒ぎ立てるかもしれません。

「だからと言って、極端にディフェンシブな戦いをして勝利できるかどうかは不確かです。ディフェンシブな戦いをすれば必ず勝てるというならそうしますが、本来の戦い方ではないやり方で勝利できるという保証はどこにもありません。だからこそ、われわれは〝自分たちのサッカー〟を貫くべきだと思っています。おっしゃられたように、サッカーですので、良い内容でありながら1点を奪われて負ける試合もあるかもしれません。それが開幕してから2、3試合続くかもしれません。それは非常に悪い状況ですが、サッカーではそういう状況になってしまうこともあり得ます。ただ、そんなことを考えていてはダメです。そこはポジティブに考えて、『俺らはできるぞ。俺らはやれるぞ』と思ってやらないと、目指すところには届きません。また、〝幸運〟というのもサッカーにおいては結果の部分で大きな役割を果たします。たとえば今日の（全南戦の）1失点目は、ディフェンスラインの裏に出てくるボール、スプリントしてくる選手をケアしようと（浦和の守備者は）前に出ていた。その動きは完全に正しかったけれども、相手が（センターサークルから）打ったシュートが頭の上を越えてゴールに入ってしまった。あのシュートは10本打っても1本入るか入らないかというシュートだと思います。今日は風もあったし、われわれにとってはアンラッキーなゴールでした。そういう〝運〟はリーグ戦の中で結果に対して影響を与えることもあると思います。われわれにとってプラスのこともあれば、マイナスのこともあるでしょう」

――少しうまくいかないことがあっても、自分のサッカーを貫きとおすと。

「私自身、監督を15年間やってきました

が、常に自分の道をまっすぐに進んできました。右に左にブレることなく、自分の信念とするサッカーをこの浦和でも貫きたいと思っています」

恐れながらプレーしてはいけない

――実際に浦和の選手たちを指導してみて、外から見ていたときとイメージが違ったところはありましたか？

「自分がチームを率いて、自分が練習の中で見るとなると、やはり外から見ていたのとは違います。中にはポジティブな驚きがあった選手もいれば、そうではなかった選手もいます。それを個人の名前を挙げて説明することはありませんが、やはり外から見ていたのと、実際に自分が率いてチームを見たのとで違いがあったのは確かです」

――浦和は昨季、最後まで残留争いを強いられました。チームを見てそれは妥当だった、あるいは、そんなはずではなかった、どちらに思われましたか？

「選手の個々の能力を考えれば、残留争いは決して妥当な結果ではないと思います。ただ、そういう状況になってしまった中で、浦和の選手たちが新しいシーズンに入ったときに、どれくらい自分たちの気持ちを切り替えてやれるかどうかは分かりません。昨シーズンはいろいろなことを恐れながらプレーしていた選手たちが、そういうマイナスのメンタリティーを新しいシーズンに入るに当たって引きずってしまっていないかを心配しているところはあります」

——選手たちも「昨季は恐れながらプレーしていた」と話していました。一方で、「いまは監督の指導によって恐れずにチャレンジできている」とも話しています。

「サッカーにおいて最も大きな敵は、何かを恐れながらプレーすることです。私自身も選手たちが何かを恐れながらプレーすることは嫌いです。私は選手に対して思い切りやってほしいと思いますし、ピッチの上である程度の自由は与えています。ただ、もちろんそれは限られた中での自由。その中で選手が持っているもの、持っているアイディアを出していけばいい。限られた中での自由ということを持ちながら、思い切ったプレーをやってほしいと思っています」

——就任会見のときに「まずやらなければならないのは、トレーニングでポジティブな雰囲気を作ること」と話していましたが、現時点でできているでしょうか?

「そういう雰囲気を作れているんじゃないでしょうか。選手が練習に来たときに楽しい雰囲気でやることは大事ですし、選手が『今日も練習をやろう』という前向きな雰囲気を作ることも大事だと思います。それを作り出すのは選手たち自身です。そういった〝サッカーをする喜び〟を選手たちには感じてほしいと思っています」

――一方で12日の午後練習の後には、選手たちに厳しいお説教もしました。

「ああいったことはサッカーをしていく上で含まれるものです。褒めるだけではなく、叱らなければならないときはしっかりと叱ります。私自身も選手たちにいかに正直に物事が言えるかを大事にしています。選手に対してああいったことを言うのは私にとってても簡単なことではありませんが、言わなければいけない瞬間もあります。それを言わなければ、結局は選手にとって良くないことになりますから」

――感情にまかせるのではなく、あえて〝怒ったアクション〟を見せる監督もいます。

「私はそういった演技はしません。私は常に自分の感覚を信じています。自分の選手たちは、私にとって常にどこの選手よりもベストだと信じています。私の選手たちをいかに良い選手に育てていってあげるか。それは私が愛情を持ってやらなければいけないことです」

――ペトロヴィッチ監督のトレーニングに関しては、選手たちも楽しいと言っていますし、私も興味深く見ています。

「私もそうだと信じていますよ（笑）」

――トレーニングではここまで攻撃ばかりを意識しているように見えます。守備に関してはどうなのでしょうか？

「おそらく浦和に帰ってから守備的なトレーニングもやっていくでしょう。ただ、われわれのトレーニングに関しては、比重としては60対40で攻撃が多くなります。守備的なところは基本があったとしても、予期せぬことが起きるのが守備です。練習でやっていたけれども、相手の動きが変わった瞬間に対応できなくなるようでは困ります。だから選手たちには自分たちで考えてディフェンスすることを学んでほしい。全部が全部、与えられたものになるのは良くありません。基本がある中でも選手たちが考えて反応できるように求めていきたい」

――特にFCソウル戦では、ウイングバッ

クの裏、３バックの脇を狙われていました。それは3バックでやる以上、どうしてもつきまとう問題だと思います。その問題を解決する方法、その部分での約束事等はあるのでしょうか？

「そこはシステム上のアドバンテージとディスアドバンテージがあります。われわれは攻撃的なチームということで後ろを3枚でやっています。より人数を前にかけて攻撃をしかけることで、反対に守備でそういったところを突かれることもあるとは思います。ただ、どこかでリスクを負わなければ相手を上回ることはできません。サイドを使われるということは、私はそれほど危険だとは思っていません。しかし、真ん中に行かれてしまうと、ゴールを奪われる確率は高くなります。相手がサイドに起点を作ることに関しては、しっかりとチームとして対応できていればそれほど怖くありません。その代わり、われわれはサイドの選手が攻撃のときに高い位置を取りますし、攻撃への切り替えを速くするように求めています。サイドの選手を高くすることは、われわれの攻撃にとってアドバンテージになるのです」

――サイドの選手はかなり運動量を求められますね。

「おそらくチームの中で最も運動量を求められるポジションだと思います」

選手はチームのために戦うこと

――練習の話に戻りますが、監督の練習を初めて見たとき、オシムさん（元・千葉、日本代表監督）の練習を思い出しました。監督がシュトルム・グラーツのコーチを務めていた際の監督がオシムさんでしたが、受けた影響、学んだことはあるのでしょうか？

「私は指導者としての大きな影響をオシムさんから受けています。彼とはサッカーの話を多くしてきましたし、彼のサッカーに対する考えが私に影響を与えていることは間違いありません。ただ、すべてがコピーではありませんし、私のアイディア、考え方を組み合わせながら、自分自身指導者としての〝色付け〟はもちろんしています」

――同じ旧ユーゴスラビア出身ということもあるのでしょうが、たとえば「ブラーボ！」の言い方や言うタイミングも似ている気がします（笑）。

「ああ…どうでしょうね（笑）」

――最後になりますが、あらためて、浦和

というチームを変えるために最も必要なこと、最もしていきたいことは何でしょうか？

「やはり選手がチームのために戦うということを徹底したい。チームはいろいろな役割を担う選手が集まって初めて成り立つものです。10人のマラドーナでは試合に勝てません。それぞれの選手が自分の与えられた役割の中でしっかりと仕事をすること。チームのために与えられた役割を全うすること。それを徹底したいと思っています」

——大事なことは多々あると思いますが、たとえば戦術面、技術面、メンタル面で、いまの浦和に最も必要なことは何でしょうか？

「メンタル面でしょう。昨シーズンのネガティブな気持ちを早く取り除くことが大事です。それは口で言うだけではなく、彼らの頭そのものからなくなるようにしなければなりません。これまで選手たちは敗者のメンタリティーを持っていたかもしれませんが、これからは勝者のメンタリティーを持たなければなりません」

——長時間、ありがとうございました。

「こちらこそありがとう。それでは、また明日会いましょう（笑）」

2011年10月21日・22日発売　ELGOLAZO／1075号表紙
J1第30節・横浜FM戦プレビュー

リーグ戦で低迷していた浦和は、残り5試合の段階で
遅まきながらゼリコ・ペトロヴィッチ監督の解任を決断。
後任の堀孝史監督はわずか2日の準備期間で横浜FM戦に臨んだ

ELGOLAZO　2011 浦和レッズ 変革の記録❷

2011年10月24日･25日発売号　ELGOLAZO／1076号表紙
J1第30節･横浜FM戦マッチレポート

監督交代後の初戦、第30節･横浜FM戦を2-1で勝ち切った。
「システムどうこうではなく、選手たちがイキイキできるやり方で試合に臨んだ」と堀監督。
試合後、原口は泣いていた。

2011年10月28日・29日発売号　ELGOLAZO／1078号表紙
ナビスコカップ決勝プレビュー

リーグ戦では低迷していたものの、ナビスコカップは決勝まで駒を進めていた浦和。
決勝の相手は鹿島だった。試合は延長までもつれ、結果は0-1の敗戦。

＜2011公式戦戦績＞

日付	カテゴリー	節	H/A	対戦相手	スコア	得点者
3月 6日	J1	1	A	神戸	0●1	
4月24日	J1	7	H	名古屋	3○0	リシャルデス、田中、原口
4月29日	J1	8	A	仙台	0●1	
5月 3日	J1	9	H	横浜FM	0●2	
5月 7日	J1	10	A	柏	1●3	原口
5月15日	J1	11	H	C大阪	1△1	原口
5月21日	J1	12	H	鹿島	2△2	高崎、マゾーラ
5月28日	J1	13	H	新潟	1△1	エジミウソン
6月 5日	ナビスコ	1回戦第1戦	H	山形	2○0	エジミウソン、原口
6月11日	J1	14	A	大宮	2△2	エジミウソン、原口
6月15日	J1	15	A	広島	0△0	
6月18日	J1	16	H	清水	1●3	梅崎
6月22日	J1	17	H	福岡	3○0	鈴木、リシャルデス、エジミウソン
6月25日	J1	18	A	名古屋	1△1	マゾーラ
7月 2日	J1	2	H	G大阪	1△1	原口
7月 6日	J1	3	A	山形	0△0	
7月13日	J1	4	H	川崎F	2○0	原口、永田
7月17日	J1	5	A	磐田	1△1	柏木
7月23日	J1	6	H	甲府	2○0	平川、柏木
7月27日	ナビスコ	1回戦第2戦	A	山形	2○1	柏木、デスポトビッチ
7月30日	J1	19	A	川崎F	1○0	OG
8月 6日	J1	20	H	神戸	2●3	田中、マゾーラ
8月14日	J1	21	A	新潟	3○2	原口、永田、山田直
8月20日	J1	22	A	甲府	2●3	柏木、エスクデロ
8月24日	J1	23	H	広島	1△1	原口
8月28日	J1	24	A	C大阪	1●3	高崎
9月11日	J1	25	H	山形	0●1	
9月14日	ナビスコ	2回戦第1戦	H	大宮	2○0	リシャルデス、原口
9月17日	J1	26	A	清水	0●1	
9月24日	J1	27	A	鹿島	0△0	
9月28日	ナビスコ	2回戦第2戦	A	大宮	2○1	デスポトビッチ2
10月 2日	J1	28	A	G大阪	0●1	
10月 5日	ナビスコ	準々決勝	A	C大阪	2○1	OG、デスポトビッチ
10月 9日	ナビスコ	準決勝	H	G大阪	2○1	梅崎、エスクデロ
10月12日	天皇杯	2回戦		宮崎産業経営大	4○1	OG、マゾーラ、原、高崎
10月15日	J1	29	H	大宮	0●1	
10月22日	J1	30	A	横浜FM	2○1	原口、梅崎
10月29日	ナビスコ	決勝		鹿島	0●1	
11月 3日	J1	31	H	磐田	0●3	
11月16日	天皇杯	3回戦		東京V	2○1	原2
11月19日	J1	32	H	仙台	0△0	
11月26日	J1	33	A	福岡	2○1	柏木、リシャルデス
12月 3日	J1	34	H	柏	1●3	柏木
12月17日	天皇杯	4回戦		愛媛	3○1	リシャルデス、原、柏木
12月24日	天皇杯	準々決勝		FC東京	0●1	

第２章 再建

２０１２シーズン

<2012移籍情報>

IN

Pos.	名前	前所属
DF	槙野 智章	ケルン(ドイツ)／期限付き移籍
MF	阿部 勇樹	レスター(イングランド)
MF	野崎 雅也	浦和ユース
MF	矢島 慎也	浦和ユース
FW	ポポ	神戸

OUT

Pos.	名前	移籍先
DF	堀之内 聖	➡横浜FC
DF	スピラノビッチ	➡アル・アラビ(カタール)
MF	青山 隼	➡徳島／期限付き移籍
MF	高橋 峻希	➡千葉／期限付き移籍
FW	高崎 寛之	➡甲府
FW	原 一樹	➡京都／期限付き移籍
FW	マゾーラ	➡サンパウロFC(ブラジル)／期限付き移籍期間満了
FW	エスクデロ セルヒオ	➡FCソウル／期限付き移籍

※「／完全移籍」…そのシーズンから期限付き➡完全に切り替え
※期限付き移籍の延長は含んでいない

ミシャレッズ始動

朝から雪が降り、とても寒い日だった。

「始動日に雪なんて何年ぶりだろう」と、浦和レッズを何年も取材し続けているベテラン記者が言っていたことを覚えている。

１月20日、毎年の恒例となっている調（つき）神社での必勝祈願から浦和レッズの２０１２シーズンがスタートした。それは、ミシャ率いる新生・浦和レッズが始動したことと同義でもある。

調神社での必勝祈願を終えたチームは、雪が覆うグラウンドで、ボール回しとランニングという軽いメニューのみで初めてのトレーニングを終えた。

２００６年にサンフレッチェ広島の下部組織からトップチームに昇格し、２００９年まで所属していたMF柏木陽介は、この日から再び、ミシャと師弟関係に戻ることとなった。

浦和の監督としての第一声で、柏木の印象に残ったのは、「このチームはファミリーとしてやっていかなければならないし、浦和レッズはこういう低い順位にいるチームではない。ここから上に行くだけ」「一人ひとりがリスペクトし合える環境を作っていこう」という二つだったという。

それ以降については「長々と、いろいろなことを話していた」と言って苦笑する。

トレーニングの内容こそ軽かったものの、指揮官は始動日のミーティングから、選手たちと多くのコミュニケーションをとっていた。

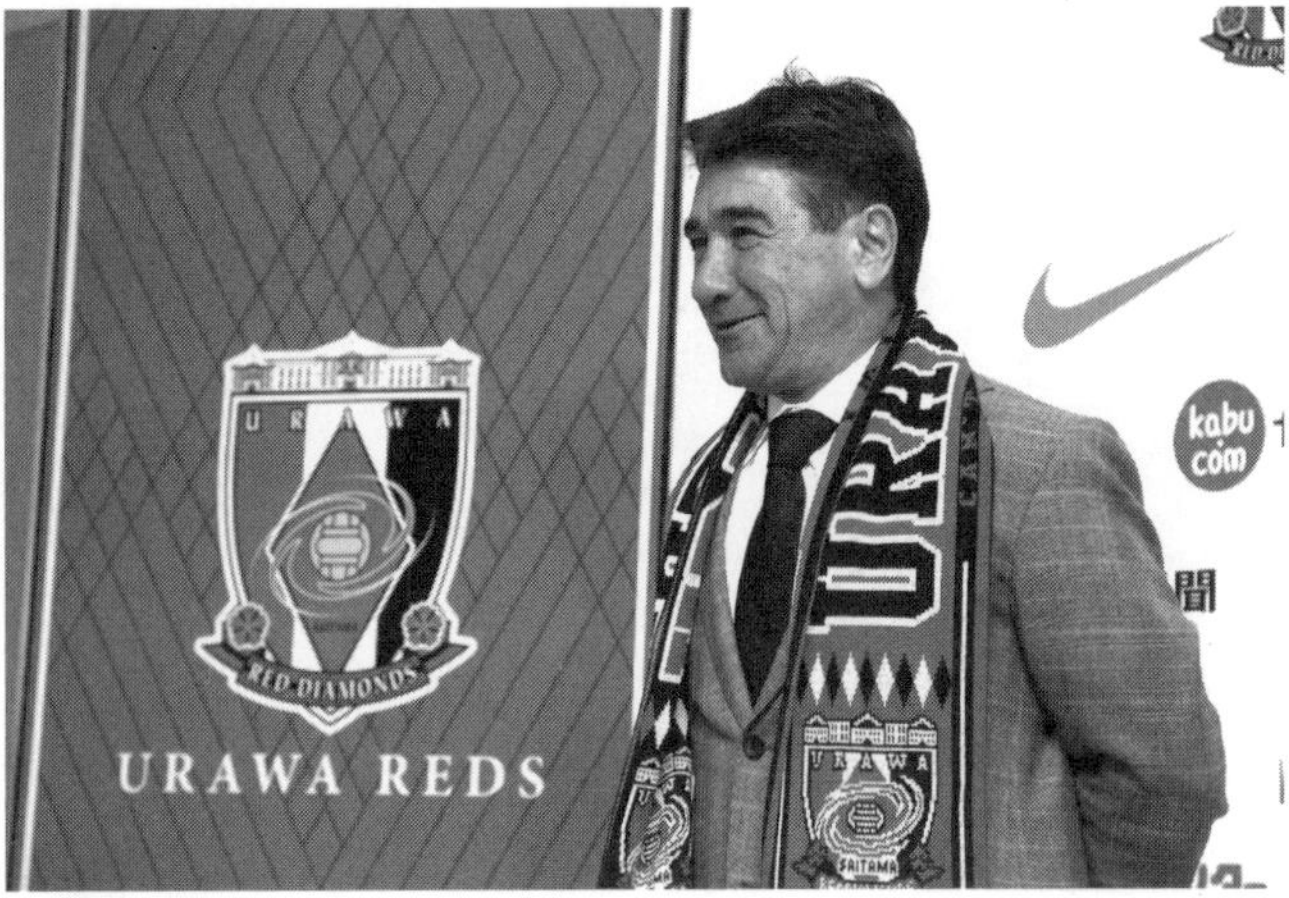

「練習の最後にも、『疲れたのか？』と聞かれたので『疲れた』と答えたら、『こんなんで疲れるな』と言われた」

柏木は勝手知る指揮官とのやり取りをうれしそうに話した。これらの言葉からミシャと柏木の親子のような極めて親しい師弟関係をうかがい知ることができた。

柏木同様、始動日からミシャをよく知る、〝息子〟と呼べる存在がもう一人いた。広島からドイツの１ＦＣケルンを経て、このシーズンから浦和に加入していたＤＦ槙野智章である。

「よく知った監督とよく知った仲間と一緒にトレーニングできたことは良かった」

浦和レッズの一員としての初練習を振り返った槙野は、同時に自身が単なる新加入選手ではないことを強く自覚していた。

「監督とは長い時間、一緒にやってきたので、少しでもほかの選手に監督のやろうとするサッカーを説明していきたい。僕から伝えていければいいと思うし、また僕もみんなからたくさんのことを吸収していきたい」

ドイツでは出場機会が与えられず、辛酸を舐めた槙野だが、ミシャの下で、自らが中心となっていく覚悟を言葉にし、新しいチームでの成長を誓った。

柏木もまた「僕と槙野が重要な役割になっていかないといけない」と、ミシャのサッカーを知る選手としての自覚と責任を口にしていた。


始動日のトレーニングを終えて取材に応じたミシャの第一声は、「私は何かをする前に大きなことを約束する人間ではない」というものだった。

前年に残留争いに巻き込まれたとはいえ、浦和レッズは日本では最大と言えるビッグクラブである。そのクラブを率いる新監督には、当然、大きな結果、つまりタイトルが期待された。

しかし、ミシャは、そういう声を諭すように言葉を続けた。

「（目標は）これが浦和のサッカーだという方向性をしっかり見せること」

その後も、決して具体的な約束をすることはなかった。

「みなさんが『タイトル』という言葉を期待しているのは理解できるが、私たちが目指すところは、これまでと違ったサッカーを見せること。私たちのサッカーを示していくこと。結果がどうなるか。それはシーズンの流れの中で分かるでしょう。どうなるかは見てみましょう」

この「どうなるかは見てみましょう」という言葉は、ミシャが勝敗について、またはシーズンの結果について話すときの常套句でもある。

浦和に自信を取り戻させる

『浦和を変える』という使命を託されたミシャが第一に取り組んだのは、浦和に自信を取り戻させることだった。

「昨シーズン、選手たちにはミスを犯したらどうしようと、どこか恐れを抱きながら、消極的なプレーをしている印象があった。私は選手を信じるし、選手には自信を持ってプレーしてほしい」

ミシャは、選手たちがボールを失うミスを恐れ、プレーが消極的になっていたことを前年の低迷の理由の一つと考えていたのだ。

また同時に「つらいシーズンが続いたことによるメンタルのダメージを回復させるのは、なかなか簡単なことではない」とも語っている。

過去に大きな結果を期待されながらも、その期待を裏切り続けたことで、浦和の選手たちは自信を失っていた。ミシャにとっても、実際に指導しなければ、そのダメージがどれだけ大きいか、測りかねる部分があったのは事実だろう。

自信を取り戻させる上で大切だったのが、選手たちにチャレンジする姿勢を植え付けることだった。そして、これはミシャの指導法の特徴でもある。トレーニングでは、ゴールにつながったプレーはもちろん、ゴールにつながらなかったプレーにも、さらに技術面で明らかなミスが起きた場合でさえも、チャレンジをした結果であれば「ブラボー!」と称賛する。

その反面、チャレンジを避けた横パスやバックパスが続くと、ゲームを止めて「なぜチャレンジしない!」と声を荒げる。

ミシャにとって、悪いのはミスをすることではない。消極的なプレーをすることなのだ。

２０１２年当時、浦和一筋11年目、さまざまな経験をしてきたベテランの平川忠亮は、「去年までとの違いは、とにかく失敗を恐れずに前に行くこと」と、これまでの監督とミシャの指導の違いを説明し、「去年まではボールを失うことを恐れていた」と明かした。

ミスを恐れずにチャレンジする。これこそがミシャの哲学だ。

チャレンジする重要性を、ミシャは就任1年目から今もなお言い続けているが、その頻度は2年目以降は減っている。

もちろん選手たちがミシャの戦術や志向を理解してきたこともあるが、1年目は、より強調していたのだろう。

選手たちに自信を持たせることで、本来持っている能力、そしてそれ以上を発揮させる。それこそが、浦和再建の第一歩だった。

メンタル面でのアプローチを語る上でもう一つ見逃せないのが、ミシャが選手たちと積極的にコミュニケーションを取る監督であるということだ。プレー面の話をすることはもちろん、練習前や練習後など、選手とすれ違えば笑顔でハグをして、言葉を交わす。

浦和レッズの練習場とクラブハウスの間には、『ミシャの部屋』と呼ばれる場所がある。これは喫煙所のことで、ミシャは愛煙家であり、同じく喫煙するスタッフやメディア関係者と、ここで話に花を咲かせる。

この『ミシャの部屋』の横を居残り練習を終えた選手が通り、クラブハウスに戻る際に、ミシャは、ほぼ必ず声をかける。

監督によって選手との距離感の取り方はさまざまだが、ミシャは、選手との間に壁を作ることはしない。

浦和、そして日本代表でも、さまざまな監督の下でプレーした経験を持つＭＦ鈴木啓太は、２０１２シーズンの開幕前に、ミシャの恩師であり、比較対象となることの多かった名監督の名前を出しながら、その特徴について語っていた。

「トレーニングはハードだし、走らないといけないからフィジカル的にも厳しい。それでも、やっていて楽しいし、イヤな疲れはない。そういうところは、オシムさんに似ているなと思う。クラブと代表という違いのためかもしれないけれど、練習自体も少し違う部分があるし、アプローチも少し違う。けれども、考えながらプレーすること、選手がボールを持っている選手を追い越していくことが大事だという本質のところで共通している。オシムさんは練習の狙いすら選手に教えなかったりしたけど、ミシャはもっと教えてくれるし、アドバイスをくれる。たとえるなら、オシムさんは先生、ミシャは父親という感じ」

ミシャも、ときに選手たちのことを「息子」と表現し、ありったけの愛情を注ぐ。

浦和が始動してから2週間程度の期間で、鈴木ら選手たちの中には、ミシャに絶対の信頼を寄せる気持ちが生まれていた。

中でも鈴木はミシャが就任して以降、浦和で最も変わった選手の一人だ。鈴木は日本代表で活躍していた際、オシム監督に『水を運ぶ選手』と評されたように、運動量や献身性でここまで活躍してきた選手だった。しかし、決して技術や攻撃時の判断力に長けたタイ

プではなく、自身も「僕がボランチとして足りないところはそこ」と話していた。

攻撃的なサッカーで後方からボールをつないでいくことが一つの特徴であるミシャのサッカーに適合するかどうか。むしろタイプだけを考えれば若手の小島秀仁の方が適していると見る目もあった。

ミシャも前年の鈴木をこう評していた。

「昨年の天皇杯、愛媛戦、FC東京戦を見たが、彼は非常に良くなかった。ボールを受けてはバックパス、ボールを受けてはバックパス。フリーで受けているのにバックパスを出していた」

ミシャは特に初年度のこの年、内容が良くない際に「ボールを受けることを恐れている選手がいる」と指摘することが度々あった。ミシャは選手個人について名指しで批判することはほとんどないが、それが主に鈴木についての指摘であることは大方の共通認識でもあった。

しかし、夏を過ぎる頃には「自分たちの仕事を、自信を持ってやれている」と鈴木は堂々と胸を張っていた。

ミシャが指揮を執るようになってから「今までと違って攻撃的な要素も求められている」と話していた鈴木は、「タイミング良く動き出すこと、ワンタッチ、ツータッチでさばいたり、ターンしたり、次への予測を持って2つ、3つのアイディアを持って判断良くプレーすることを心掛けている。その点が練習を通じて向上しているのが分かる」と、その指導により自身が確実に向上していることを実感していた。

ミシャも2012年のリーグ最終節、名古屋グランパス戦後、「今季のイメチェンスターは鈴木ではないか」と問われると、「おっしゃる通りだと思う」として次のように続けた。

「非常にプロフェッショナルに日々の練習をこなしてくれた。元代表選手で31歳という年齢だが、彼は歳をとっても学びたいという姿勢を持って日々取り組んでくれた。啓太は以前、おそらくかなり視野の狭い選手だったと思うが、1年を通して視野の広い選手に変わってくれた。非常に大きな前進を遂げてくれた。日々のトレーニングがあってこそだと思うし、プロフェッショナルな姿勢でしっかり日々のトレーニングに取り組んでくれた」。

ミシャもまた、鈴木の姿勢、成長について大いに評価していた。そしてそれは、浦和の変化の象徴とも言えた。

これは後の話だが、浦和の退団、そして引退を決めた2015年、鈴木を「ある意味、兄貴のように接している」と慕う梅崎は彼について「ミシャが来て一番伸びた選手じゃないですかね？　正直、それまではうまいとは思わなかったけど、今は本当にうまいですからね」と愛情を持って笑いながら表現した。

他の選手たちにとっても「ミシャが来てからうまくなった」は、鈴木を語る上でのキーワードのようになっていた。鈴木もまた、「ミシャが監督になってうまくなった」と話すと、報道陣に対して「みんなやけに頷きますね」と笑っていた。

見えて来たミシャスタイル

もう一人、興味深い話をしていたのが、MF山田直輝だ。山田直はロンドン五輪出場を目指すU－23日本代表候補合宿に参加していたため、チームへの合流が遅れていた。チームに合流した山田直は、「去年と比べて練習の雰囲気が明るくなった。みんな楽しそうに練習していた」と、チームから離れていたからこそ、より敏感に感じたチームの変化を口にしていた。

変化したのは雰囲気だけではない。ミシャが浦和の監督となり、戦い方もトレーニング内容も大きく変わった。

就任会見で、山道守彦強化本部長はミシャについて「戦術的、戦略的に引き出しがある」と評した。

実際、ミシャは、現在のJリーグのみならず、Jリーグの歴代監督の中でも有数と言えるほどの戦術家だろう。独特とも表現できる確固たる形を持っている。

そのサッカーの基本フォーメーションは、［3－4－2－1］だ。3バックにダブルボランチ、左右のウイングバックと2人のトップ下、そしてFWで構成される。

とはいえ、サッカーでは、選手たちがピッチ上を自由に動けるため、フォーメーションが一定に保たれることはありえない。その中でも、特にミシャのサッカーは流動的であり、この［3－4－2－1］という表記はほとんど『便宜上』のものだ。実際に試合の中で、選手たちが［3－4－2－1］に並ぶ瞬間は、キックオフ時を含めてほとんどない。

より細かく選手たちの動きを見ていれば、ミシャのサッカーが攻撃時と守備時で形を変える可変フォーメーションであることに気づくだろう。

状況によって多少の違いは出てくるものの、基本的に攻撃時の形は［2－3－5］となり、守備時には［5－4－1］となる。

攻撃時、つまりボールを保持しているときには、ボランチの1枚が最終ラインに下りて、3バックのサイドが大きく左右に開く。このときに左右のウイングバックは相手の陣形の空いているところに走り込み、シャドー、もしくはFWの位置まで上がる。この状況

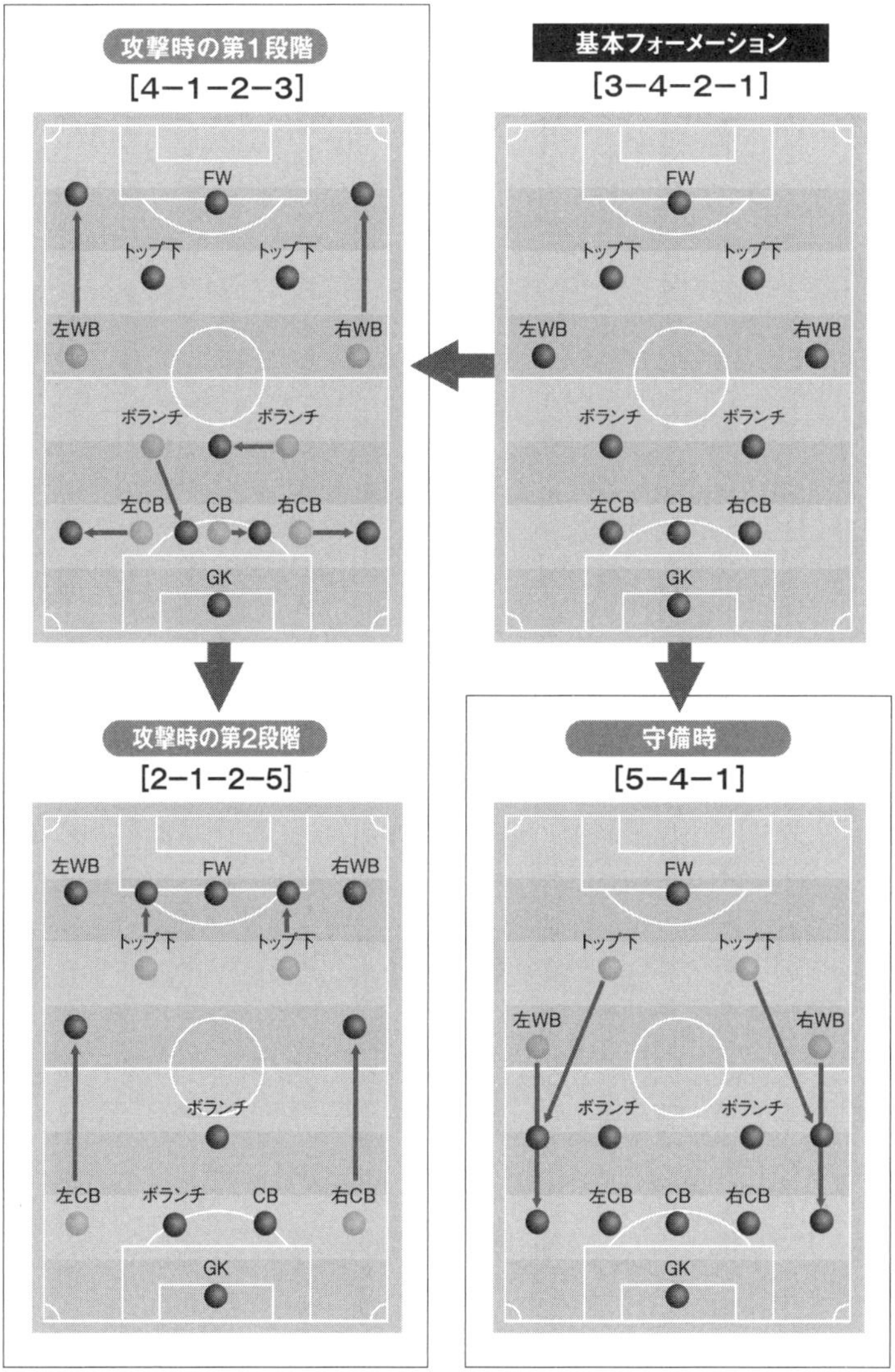
基本フォーメーション
[3−4−2−1]
FW
トップ下
トップ下
左WB
右WB
ボランチ
ボランチ
左CB
CB
右CB
GK
攻撃時の第1段階
[4−1−2−3]
FW
トップ下
トップ下
左WB
右WB
ボランチ
ボランチ
左CB
CB
右CB
GK
攻撃時の第2段階
[2−1−2−5]
左WB
FW
右WB
トップ下
トップ下
ボランチ
左CB
ボランチ
CB
右CB
GK
守備時
[5−4−1]
FW
トップ下
トップ下
左WB
右WB
ボランチ
ボランチ
左CB
CB
右CB
GK

でも局面を打開できなければ、左右に大きく開いた3バックの左右の選手が前方に動き、ボールを受けられる位置に行く。そのため、段階的に［3－4－2－1］、［4－1－4－1］もしくは［4－1－2－3］、そして［2－1－2－5］と変化していく。

これに対して、相手がボールを持っているときには、左右のウイングバックが最終ラインまで下りてきて、3バックの脇に入って5バックを組む。5人で横幅のスペースを埋めることで相手にゴール前で自由を与えない。また、2シャドーも開いてボランチの脇に入り、［5－4－1］となる。

この守備方法は、2012年や2014年前半によく見られた『リトリート（撤退）』する際の形だ。

2014年後半から2015年にかけては、積極的にボールを奪いに行く『プレッシング』を採用。その際にはFWと2シャドーの3選手は、深い位置まで戻らずに前線で相手を追い回す。このときは［5－2－2－1］、またはスタート時の［3－4－2－1］のような形になる。

サンフレッチェ広島で指揮を執っていたときにも用いていたこの可変［3―4―2―1］について、ミシャは2012年のホーム開幕戦、埼玉スタジアムでのミシャレッズのお披露目となった柏レイソル戦後に説明している。

「私自身、30年に渡って［4―4―2］の相手が自分たちの攻撃をつぶしに来たとき、いかにそれをかいくぐるかを研究している。そこで大切なのは、1トップ2シャドーが［4―4―2］のブロックの中で、どのように動くかだ」

簡単に説明すればこうだ。相手の4バックの間、CBの間に1トップが入り、CBとSBの間にシャドーが入る。さらに両ワイドも高い位置を取ってSBの脇に入ることで、数的優位を作る。相手の守備よりも1枚多い人数を攻撃に割き、最終ラインを崩しにかかる。

状況によって変わるのは、フォーメーションだけではない。戦術も状況に応じて異なってくる。

攻撃の形は大きく分けて二つ。ミシャがトレーニング中に頻繁に発する言葉を借りれば、「奪ったら素早く縦」と「ゆっくり」である。

「奪ったら素早く縦」は、読んで字のごとく、相手からボールを奪った際に素早く前線に縦パスを送り、相手が守備組織を整える前に攻撃を仕掛ける。

この「奪ったら素早く縦」が第一の選択肢となる。

「奪ったら素早く縦」ができなかった際には「ゆっくり」になる。

前述のように最終ラインは形を変えながら、GKとリベロ、ボランチの一人でボールをつなぐ。相手が隙を見せるまで、ゆっくりゆっくり、しつこいほどにボールを回す。そして、相手が隙を作った瞬間に、そこを突く。

その際、ミシャが選手たちに求めるのは時間と空間を作り出すための『ビルドアップの技術』。そして作り出した空間を使うための『ボールを持っていない選手の動き』である。

特に『ボールを持っていない選手の動き』は、ミシャサッカーの攻撃における最も大切な要素と表現しても過言ではないだろう。

トレーニング中に、ある選手がパスを出したとする。このとき、ボールを受け取る先に誰もいなかった場合、その原因にはパスを出した選手の技術的ミス、もしくは判断ミス、またはボールを受けるべき選手が動いていなかったことが考えられる。

技術的なミスの場合は別として、このような状況になったとき、ミシャは基本的に、パスを出した選手ではなく、スペースに走っていなかった選手を注意する。むしろ「動くことで、パスを出す選手にメッセージを送れ」という言い方をすることも多い。ボールを持っていない選手が動くことで、流動的な攻撃を仕掛けて、相手の守備を崩したい意図がうかがえる。「大事なのはオフ（・ザ・ボール）の動き」、「次の展開を予測して動くこと」、「相手の裏をかく動きをすること」。このようにミシャはボールを持っていない選手に対して常に指示を送っている。

パターン練習なきオートマティズム

ミシャサッカーの可変［3−4−2−1］の特徴は、攻撃時のオートマティズムだ。選手たちもよく「オートマティックな連動」という言葉を口にしている。ビルドアップの形はある程度パターン化されていて、勝負の縦パスが入った瞬間、ときに息を呑むほど美しいワンタッチパスの連続で相手ゴールを陥れる。縦パスを受けた前線の選手が、さらに自分の後ろのスペースを狙って走り込む選手に、まるで背中に目がついているかのようなノールックパスでボールを届ける場面もある。

もちろんサイド攻撃も重要であるが、まず狙うのはゴールへの最短距離となる中央だ。サイドは中央が閉められた際に狙うスペースであり、まずは中央から攻撃して、相手が中を締めてくるからこそサイドが生きる、つまり中央の攻撃が機能してはじめてサイド攻撃も機能する、という考えだ。

その中で、特に前線の3人、1トップ2シャドーが重要なカギを握る。速攻でも遅攻でも、前線にボールを当てて、3人が連動しながらゴールへと迫る。

1トップ2シャドーのコンビネーションでは、ボールを持っていない選手たちの動きが重ならないように意識する。選手それぞれが相手の裏をかくような動きをする。一人が引いてボールを受けに行けば、もう一人は最終ラインの裏を狙う。二人が同時に異なる動きをする。その連続でスペースを作り出すと同時にスペースを突き、相手の守備を混乱に陥れる。

たとえばＤＦやボランチが出した縦パスを前線の３人のうち一人がフリックする。もう一人は最終ラインの裏に抜け出す。

フリックする選手は、もう一人の選手が自分とは逆の動きをすることを知っている。だからその選手を見ずとも『ここに動いているはず』と、予測することができる。

互いの動きを確認することなく次のプレーに移行してしまうのだから、この動きに対応しようとする相手のＤＦは間に合わない。ＤＦにとっては、食いつけば裏を突かれ、裏を突かれることを恐れて距離をとればボールを運ばれてシュートまで持ち込まれる。

多くの人は、このサッカーを徹底させるためにミシャが「パターン練習やフォーメーション練習を多く行うのではないか」と思われるだろう。

だが、ミシャは、練習の中でとにかくゲームを多く行う。

開幕前のキャンプでこそ、パターン練習やフォーメーション練習を行うが、シーズンに入ってしまえば、1週間のうちに一度もパターン練習やフォーメーション練習を行わないのが基本だ。ほかの監督に比べて、パターン練習の量は明らかに少ないだろう。

ではなぜ、パターン練習をほとんど行わないのに、規則性のある攻撃を展開できるのか。

その理由の一つは、まずミシャの指導内容、指示内容が一貫しているという点だろう。ミシャが浦和を指揮するようになって4年が経った。だが、トレーニング中に選手たちに伝えることは基本的に変わっていない。

また、ミシャの練習で行うゲームの特徴は、ハーフコートやそれに近い狭いグリッドのなかで最初はフリータッチ、フリータッチのリターンなし、フリータッチの次の選手はワンタッチ、フリータッチの次の選手はワンタッチかつリターンなし、ワンタッチ、ワンタッチリターンなしという制限を加えていくことだ。この制限によって得られる効果を鈴木は次のように解説した。「ミシャは毎日ゲームをやらせてあらゆる局面を想定させているけど、それは頭の中のトレーニングという意味でも大きなポイントになっている。DFが合わせて守ってきても、タイミング良く動き出すとか、走り出す方向を変えることで崩せるようになる。そういうトレーニングをいろいろ制限がある中でやっていく。ワンタッチで出さないといけないとなると、出す選手だけの問題じゃなく、周りも動かないといけない。ターンできればターンして前に運んでいく。状況に応じた判断を常に求められている。速く攻めるのか、ゆっくり攻めるのか、試合で起こり得る状況が練習の中にある」。

そしてこう加えた。

「だから試合中に余裕を持ってできる」

ミシャが比較的、パターン練習を行わないのは鈴木の言葉通り「あらゆる局面を想定させている」からだが、こうしてゲームの中で制限を加えることによって技術だけでなくボールがないところの動きを磨き、コンビネーションサッカーを構築させているのだ。

ミシャのサッカーは、一人のタレントの力に頼るサッカーではない。全員で作り上げるスタイルだ。それを突き詰めたときの一つの答えが「オートマティズム」であり、浦和のスタイルとなった「コンビネーションサッカー」ということなのだろう。

守備練習を行わないミシャの流儀

攻撃に関して徹底的にトレーニングと指示を繰り返す一方、守備については、特に2012年はほとんどトレーニングを行わなかった。このやり方も、ミシャの特徴と言えるだろう。

なぜ、守備の練習に取り組まないのか。指揮官の答えは、こうだ。

「選手をピッチに配置して、守備の確認をする監督もいる。しかし、私の考えは違う。練習をいくらやったところで、試合になれば相手は違うことをやってくる。われわれのチームには、相手チームの中心選手がいないので、試合に向けたトレーニングはできない。また、サッカーというのは予想しないことが起こるスポーツ。守備の練習をしたところで、その予想と違うことが起きてしまえば対応できない」

「予想外のことが起こるのがサッカーだ」。これがミシャの哲学のベースにある。

ミシャが、守備の練習を行う頻度は、週に一度あるか、ないか。まったくやらない週のほうが、圧倒的に多いのだ。

サッカーは、守備から構築するものだと言われる。それは、攻撃が選手の才能にある程度依存するのに対し、守備は戦術としてチームに浸透させやすいからだ。失点することがなければ試合には負けない、という考え方もあるだろう。守備のポジショニングや動き方を細かく止めながらフォーメーション練習を行い、攻撃は基本的に選手に任せる監督も少なくない。

ミシャは、その対極にいる監督ということになる。

その考え方は、大事なのはボールを持っている際のプレーであり、対人プレー。

「相手の攻撃をいかに止めるかではなく、相手の守備をいかにこじ開けるか」に、とことんこだわる。

また、攻撃面での指示がほとんどとなるゲーム形式のトレーニングを多く行う理由については、「攻撃の練習だけのように見えるかもしれないが、同時に守備練習でもある」と、攻撃力を伸ばすことで、それに対応する守備力も向上するという考えを明かした。つまり、ゲームを繰り返すことが、その好循環をもたらすとミシャは信じているのだ。

広島の地で迎えた開幕戦

ミシャが監督となり、練習の雰囲気や中身が大きく変化した中、シーズンの開幕前のキャンプで行われた練習試合ではさまざまな組み合わせを試した。そして、基本布陣も見えてきた。

GKは2011年途中からレギュラーとなり、当時の所属選手の中で、足元の技術に最も長けていた加藤順大。3バックの右には坪井慶介、左に槙野。ボランチの1枚は鈴木で、両ワイドは右に平川と左に梅崎。シャドーに柏木と原口元気が入り、1トップにはランコ・デスポトビッチか新加入のポポ。そして阿部がリベロに入った際はボランチに小島秀仁、阿部がボランチに入った際にはリベロに永田充。

これが指宿キャンプでの主なメンバーだった。

Ｊリーグ開幕直前にはリベロに阿部、ボランチに柏木を入れる形や右ＣＢに濱田水輝、1トップに田中達也を入れる形なども試しつつ、２０１２年3月10日、いよいよ新体制の公式戦初お目見えを迎えた。

ミシャレッズの初陣は、敵地での広島戦だった。

ミシャはもちろん、槙野のＪリーグ復帰初戦となる開幕戦が、因縁浅からぬ広島との敵地での一戦になったことは、大きな注目を集める要因となった。注目度の高さという点で言えば、新生・浦和レッズのお披露目の場としてはふわさしい舞台だったとも言えるだろう。

発表されたスターティングイレブンは、サプライズに満ちていた。

ミシャは、阿部をリベロで起用し、ボランチに柏木、1トップに田中を配置する布陣を選択。これはキャンプ終盤にテストしていた形だったが、２列目の一人にＭＦ山田直が先発として名前を連ねていたのだ。

チームが始動してから浦和を見ていなかった人たちは、「あ、直輝がスタメンなのね」と、感じた程度かもしれない。事実、日本代表にも選出された経歴を持つ山田直のポテンシャル、実績は申し分ない。

しかし、このシーズンはチームが始動してから、山田直はキャンプ、練習を含めて一度もレギュラー組でプレーしていなかった。

シーズン開幕戦であり、新体制での初陣という特別な一戦は、ここまでの準備期間にやってきたことをどれだけ出せるかが問われる試合だ。それが古巣との一戦となったことで、指揮官は自身が浦和の一員であることを強調したくなったのかもしれない。そうでもなければ、浦和の下部組織出身であり、チームの象徴的な選手である山田直の突然の先発起用は説明がつかない。

結果は、0－1の敗戦だった。

試合後の記者会見で、先発メンバーの選考理由について問われたミシャは、山田直のサプライズ起用を「攻撃的な姿勢で勝利するために、彼を起用した。直輝はけがで（練習から）外れていた期間もあったが、U－23日本代表に参加するために早くから始動していた。けが明けで今週のトレーニングでは良い動きをしていた」と説明していた。

敗因を一選手の起用に求めるのは危険なことだ。それでも、この試合で山田直は機能したとは言い難かった。周囲とのコンビネーション、戦術理解の面で苦しんでいるのは明白だった。それまでに一切の準備がなかったのだから、当然と言えば当然だろう。

前線で起用された原口、田中も力を出し切れず、前線に攻撃の起点ができなかった浦和は、両ワイドも効果的に攻撃参加できなかった。

瞬く間に浦和にとって欠かせない存在となる槙野も、この試合では空回りした。かつてともに戦い、欧州への挑戦の際にはエールを送った選手が、ライバルクラブの一員として日本に戻ってきたことで、広島のサポーターは90分間、強烈なブーイングを槙野に浴びせた。そのブーイングが足かせとなり、槙野のプレーの精度を狂わせた。

ミシャは試合後にこう語っている。

「われわれにとってこの対戦は少し早い段階での対戦になってしまった」

広島は、ミシャが6年にわたって指揮し、土台が築かれた状況を、森保一監督が継続的に引き継いでいた。布陣も戦い方もほぼ同じチーム同士の対戦。エルゴラッソ本紙ではこの試合を「ミラーゲーム」と題している。

そしてこれは開幕戦である。完成度で広島が上回っているというのも、ある意味で当然だった。浦和の選手たちも「チームとしてはまだ攻撃の組み立ての落ち着きだったり、コンビネーションの部分であったり、まだまだ足りないことはある」とその差について実感していた様子だった。柏木が、山田直が先発に抜擢されたことを挙げて「即興というか、なかなか良いコンビネーション、良い距離感でできなかった。練習であまりやっていないということもあるし、チームとしての完成度の差が出た」と言えば、平川も「やりたいことをやらせてもらえなかった。向こうの方が上だった」と試合後に自分たちの敗北を潔く認めている。

その一方、後に槙野は、こう話していた。

「開幕戦は自分たちにとってかなり大きかった。開幕1週間前にやった大宮との練習試合（大宮の都合によりメディアも含めて完全非公開）に2−0で勝って、『今年のレッズはできる』と自信を持って開幕戦に臨んだ。でも広島戦で完全に出鼻をくじかれた。同じスタイルを取り、同じようなサッカーを展開する広島にコテンパンにやられた。それが良い意味でのスタートだったと思う」

敗戦が良いスタートになったとは、一体どういうことなのか。

「あそこで引き分けるなり勝つなりしていたら、自分たちにとってマズい勘違いが生まれていたと思う。もちろん開幕戦に勝つことは良いことだけど、あそこで負けたことで『自分たちはこれではダメだ』ということを知ることができた。同じサッカーを目指す広島に負けたことで、自分たちが何をしなければいけないのかが分かった」

このままではいけない。広島戦で10分程度は見せることができたディフェンスラインからのビルドアップや素早い縦パスを、試合を通して続けられるようにならなければならない。攻撃の連動性、コンビネーションを確立してミシャサッカーの完成度を高めなければならない。それは他でもない、昨季までミシャが率い、その戦いがベースとしてある広島との一戦で相手に差を見せつけられたから気づけたことだった。

埼スタに響いた〝We are DIAMONDS〟

チームは続く第２節、ホーム開幕戦の柏レイソル戦に向けて準備を進めていく。

流れを変えたい一戦だったが、決して楽な相手ではなかった。

2010年にJ2を制してJ1に戻ってきた柏は、その勢いのまま2011年のJ1リーグを制していた。しかも、優勝を決めたのは埼玉スタジアムでの最終節・浦和戦だったのである。開幕戦で広島に敗れ、昨シーズン、目の前で胴上げを許した相手にも敗れることになれば、シーズン開幕直後からチームが不穏な空気に包まれることも予想された。

開幕2連敗は許されないという緊張感に包まれる中でトレーニングは行われていた。試合2日前には、今ではACLの公式練習を除いてほとんど機会がなくなった埼玉スタジアム2002での練習で汗を流した。

練習では、U-23日本代表に招集されていた原口が不在の中、シャドーには開幕戦でサプライズ起用された山田直が引き続き起用された。その隣には柏木が入り、阿部がボランチにポジションを上げ、最終ラインの中央に永田、そして右CBに坪井が入っていた。

柏木は「個人としてもチームとしても、オレが前に入ったほうが、リズムが出ると思う。あそこは経験している選手が入ったほうがいい。一番難しいポジションやから」と、2列目でのプレーに自信を見せた。

トレーニングでミシャが意識させたのは、サイドの裏を狙うことだった。守備が決して得意ではない柏の両サイドハーフ、レアンドロ・ドミンゲスとジョルジ・ワグネルの裏を突くことと同時に、彼らを押し込んで守備をさせることで、その攻撃力を半減させる狙いがあった。

迎えた柏戦。埼玉スタジアムには、４１，０６９人の観衆が集まった。

Ｊリーグ全体の入場者数を見ると、決して少ない数字ではない。しかし、前年のホーム開幕戦（東日本大震災の影響で第７節の名古屋戦）の４２，７６７人を下回り、埼玉スタジアムがホームになった２００４年以降の開幕戦では、最も少ない数字となった（２ステージ制時代の２ｎｄステージホーム開幕戦は除く）。

前シーズンにリーグ優勝を果たした２００７年の５７，１８８人からは１万５，０００人以上の減少である。

リーグ全体が観客動員に苦しんでいた時期で、現象には複数の要因があるだろう。だが、前年に残留争いに巻き込まれたということも、間違いなく影響していたはずだ。

この試合は、ホームに集まったファン・サポーターに、ミシャレッズがどういうサッカーをしていくのかという方向性を示することに加えて、昨季との違いを示すために、何よりも結果が求められていた。この試合の内容、結果は、その後の集客に直結するということもやはり明白だった。

この試合、ミシャは、1トップに練習では試していなかったデスポトビッチを起用し、そのほかのポジションでは練習での組み合わせから、山田直を原口に代えたメンバーで臨んだ。

試合前日の練習ではU－23代表から戻って来た原口を1トップに入れていたが、その理由を「元気、陽介、直輝の3人が前でどういうふうに機能するかというところをちょっと見てみたかったので、今日のトレーニングで試してみた。だからといって、今日試した3人が明日スタートで出るということではない。今週はそういったものを試す時間がまったくなかったので、今日の練習で見てみた」と説明していた。

後に分かることだが、ミシャは自身で「私の練習を見ればある程度、試合のメンバーが分かると思う」と話すように、練習と試合でほぼメンバーを代えない監督だ。開幕戦に続いて練習と試合でメンバーを代えたこと、そして試合でも開幕戦からメンバーを代えたことは、まだまだ選手の組み合わせをテストする、そして選手たちの特徴を把握する段階にあったと言えるだろう。

多くのプレッシャーがのしかかっていたミシャレッズの埼スタ初戦。チームは前半からハイペースで試合を進めていった。

選手たちは連動しながらボールをキープして中央で攻撃を作り、トレーニングでも意識していたサイド攻撃を繰り返してジョルジ・ワグネルの背後を突いた。そして38分にデスポトビッチがゴールを決めて先制すると、後半は押し込まれる時間帯もありながら失点を許さず、1―0で勝利した。

最少得点での辛勝ではあったが、この試合で浦和が見せた戦い方は、昨季までのそれとはまるで異なる、新たなスタイルだった。

そして試合後にも、新たなスタイルが生まれた。

選手たちはピッチに並び、肩を組みながらサポーターとともに歓喜の歌、『We are DIAMONDS』を歌ったのだ。

それは、今までの浦和ではありえなかった光景だ。

すべては、新加入の槙野が提唱したことだった。

「強引に『歌うぞ』と言って、選手たちを引っ張り出した」と笑い、恒例にしていきたいと話していた。

そして強い思いを込めて、続く言葉を放った。

「浦和は生まれ変わると思う」

この試合は、浦和の監督として初めて埼玉スタジアムで指揮を執ったミシャにとっても、忘れられない一戦になった。

「簡単な試合ではなかった。4万人のサポーターの前でホームゲームを戦うのは私にとっても初めてだった。今まではアウェイの監督としてここで戦ってきた。しかしながら、私自身、最後まで生き残ることができてうれしい。私も年を取ったので、生きるか死ぬかだったのです」と大げさに表現しながら、浦和の監督としての緊張感と初勝利を噛みしめるミシャは、この日、あらためて浦和の監督になったこと、その注目度や緊張感が広島とは異なるものであることを実感したのかもしれない。

変化に伴った痛み

前年王者を下して初勝利を挙げたミシャレッズは、その後、前半戦17試合を終えて首位のベガルタ仙台と勝ち点差5の3位につけていた。

先制、また逆転してから守り切れない試合が多く、前半戦17試合で6つの引き分けがあったが、敗戦はわずかに3試合。

前年は1年を通して勝ち点36で15位、辛くも降格を免れたチームは、ミシャが監督に就任してからの半年で、すでにほぼ同じだけの勝ち点を得ていた。

過去数年間にわたって低迷を続けていた国内最大のビッグクラブである浦和レッズが、激変したと言って差し支えないだろう。試合内容を見ても、そして結果でも浦和は短期間で劇的に変わりつつあった。

ただし、多くの場合、変化には痛みが伴うものだ。

それは急激に物事が変わっていった浦和も例外ではなく、下部組織出身の選手たちの多くがクラブを去ることとなった。

2週間の小ブレイクを挟んで行われた後半戦の初戦、第18節のアルビレックス新潟戦の翌日、MF高橋峻希がジェフユナイテッド市原・千葉へ期限付き移籍することが発表された。

さらに、その2日後にはFWエスクデロ・セルヒオも期限付きでFCソウル（韓国）へ移籍した。

高橋はトップ昇格した2009年からレギュラー争いに絡み、ミシャが就任する前の

２０１１年には、リーグ戦26試合に先発出場していた。攻守にアグレッシブで、アップダウンを繰り返すことができる豊富な運動量もあるため、ミシャのスタイルにも適合し、右サイドのレギュラーの最右翼という見方もあった。

しかし、シーズン開幕前に右太ももを負傷。開幕戦の前には復帰したものの、新監督を迎えた最初のキャンプを棒に振ったことはあまりにも痛かった。

開幕から右サイドで先発出場を続けた平川は、ベテランらしくミシャの戦術を最も早く理解した一人だった。その平川にアクシデントがあった第11節の新潟戦や第14節のガンバ大阪戦で、平川に代わって右サイドに入ったのは、当時まだレギュラーではなかったＭＦ宇賀神友弥であり、高橋の公式戦出場はナビスコカップに限られていた。

エスクデロも２００５年に16歳の若さでトップ登録されて以降、特にフォルカー・フィンケ監督が就任した２００９年以降は着実に出場機会を増やし、２０１１年の終盤にはレギュラーに定着してＪ１残留に貢献した。

エスクデロもまた、シーズン開幕前までは、前線で体を張ってボールをキープできる力がミシャのサッカーに適合すると見られていた選手だ。

しかし、エスクデロの出場機会は、第11節・新潟戦の85分からの途中出場のわずか5分にとどまっていた。


この時点では、他クラブで経験を積み、成長して浦和に復帰させるという狙いもあったはずだ。

出場機会を得られない若手が、他クラブへ期限付き移籍して経験を積むことは、決して珍しいことではない。実際にミシャが率いていた広島は、多くの若手選手をJ2のクラブに期限付き移籍で放出して、戻ってきたときに、彼らの成長をトップチームの成功につなげている。

だが、ともにアンダー世代の日本代表にも選出された経歴があり、浦和での将来を嘱望されていた二人は、のちに完全移籍で浦和を離れることとなった。

高橋は、千葉への1シーズン半に渡った期限付き移籍を経て、ヴィッセル神戸に完全移籍した。エスクデロも2012シーズン終了後にFCソウルへ完全移籍し、2015年現在は江蘇舜天でプレーしている。

ミシャが監督に就任した２０１２年時点で、浦和にはＧＫ加藤順大、ＤＦ大谷幸輝、ＭＦ高橋峻希、ＤＦ濱田水輝、ＦＷ岡本拓也、ＭＦ宇賀神友弥、ＭＦ山田直輝、ＦＷエスクデロ・セルヒオ、ＦＷ原口元気にルーキーのＭＦ野崎雅也、ＦＷ矢島慎也と、10人ものアカデミー出身者が在籍していた。

その後の４年間で、加藤、高橋、濱田、エスクデロ、原口、野崎は、完全移籍または契約満了でチームを去っている。山田直は湘南ベルマーレに、矢島はファジアーノ岡山に、それぞれ期限付き移籍中だ。

２０１３年には浦和ユース出身のＦＷ阪野豊史が明治大から加入、ＭＦ永田拓也も２年の期限付き移籍を経て浦和に復帰した。阪野は２０１５年から栃木ＳＣに期限付き移籍し、永田拓は２０１３年の１シーズンで契約満了となっている。

２０１５年現在、ミシャが監督に就任した当時から浦和に在籍している下部組織出身の選手は、大谷、岡本、宇賀神の３選手のみとなった。14年にトップ昇格した関根貴大、15年に在籍した斎藤翔太と茂木力也を合わせても、レギュラーとして活躍しているのは、宇賀神と関根のみだ。

また、ユース出身ではないが高卒ルーキーで〝天才〟の肩書きとともに浦和の門を叩いた小島も2014年に徳島に期限付き移籍し、2015年には復帰したものの、半年後には愛媛に完全移籍している。

ミシャは広島の監督に就任した当初、DF森脇良太、MF青山敏弘、MF高萩洋次郎、DF槙野智章、MF柏木陽介らの若手を積極的に起用してチームの主軸に育て上げた。繰り返しになるが、ミシャの就任会見で山道強化本部長が「若い選手がいたり、経験豊富な選手ばかりではない状況の中で、実績と経験があって、戦術的、戦略的に引き出しがあって、クラブを安定できる方に監督をお任せする」と言っていたように、浦和でも若手、特にユース出身選手を育てることを期待されていたことは間違いない。

しかし、4年間でレギュラークラスになった若手選手、ならびにユース出身者は関根ただ一人だ。チームを離れたなかでも、いわゆるステップアップをしたのは原口のみ。つまり、少なくともこの4年の間で、ミシャは求められた仕事のうちの一つ、若手の育成では結果を出せていない。

この件について、ミシャも何度か言及している。

「浦和は常に勝利を求められる。もう少し余裕があるクラブであれば、さまざまな選手を起用しながら育てることができるが、浦和では難しい」

広島にあって、浦和にない「余裕」とは、どういうことか。

ミシャが開幕時点から広島を率いた最初のシーズンとなった２００７年は、思うような補強ができなかった。ある程度は必要にかられて若手選手を起用したが、チームはＪ２降格の憂き目にあう。この結果、スタッフを含めた人件費は前年の12億３６００万円から12億９０００万円に。２００６年の14億１４００万円からは2億近くも縮小され、Ｊ２に降格しながらも戦力維持できたのは見事だったが、それが精いっぱいだったという背景がある。

ミシャの中には、若手を育てる意思もあっただろうが、その一方で起用する以外に選択肢がなかったという側面もあったということだ。

また、ミシャの独特な戦術を植え付けるためには、経験や知識があってスタイルの固まってきている中堅、ベテラン選手よりも、若手の方が適していた。その結果、Ｊ１以上の試合数を戦うＪ２で経験を積んだ広島の若手は、ミシャサッカーの申し子となって、Ｊ

1復帰を果たした。

翻って浦和は、他クラブから即戦力の選手を獲得できるクラブだ。結果も求められる。若手に経験を積ませる「余裕」がないのである。

実際に広島時代、ミシャが手塩にかけて育てた柏木、槙野、森脇らは、浦和で中心選手として活躍を続けている。そうした即戦力の選手たちを獲得できる浦和で、下部組織出身の若手を育てることは難しい。

だが、これは世界各国のビッグクラブでも起きていること。

たとえば、スペインのレアル・マドリーの下部組織には、国内外のタレントが集まってくる。しかし、トップチームに昇格して活躍している選手は皆無に近い。他クラブで活躍するビッグネームを巨額の移籍金で獲得できるからであり、下部組織の指導者は、出場機会を与えてほしいと、才能の無駄遣いを嘆く。

数少ない例外は、バルセロナだろう。

トップチームと同じスタイルで一貫された指導を受けるバルセロナのアカデミーでは、

チームのスタイルを理解し尽くした若手がトップチームに昇格する。他クラブの中心選手を引き抜き、自分たちのスタイルに染めるよりも、自分たちのスタイルに染まった選手が能力を伸ばしたほうが効率的というレベルにまで、そのスタイルが独特であるのだ。ミシャの戦い方が、ここまで浸透すれば、広島と同じように浦和でもアカデミー出身の選手が多数を占めることになっていくのではないだろうか。それが理想であるはずだが、ここまでミシャは結果を出さなければいけないというエクスキューズがある中で、その期待には応えきれていないというのが現状だ。

足りなかったピース

前半戦17試合を3位で折り返し、手ごたえを得ていた浦和は、その後の8試合を4勝3分1敗という成績で終えて、3位をキープしていた。首位との勝ち点差は、2に縮まっていた。

その状況で行われた第26節は、ホームの埼玉スタジアム2002にガンバ大阪を迎えた。

これまで日本国内だけではなく、アジアの舞台でもしのぎを削ってきた青黒のライバルクラブは、このシーズンは苦しみ続け、降格圏内の16位に沈んでいた。

浦和にとって勝てば首位に浮上する可能性もあった一戦は、浦和優位と見られていた。

しかし、待っていたのは残酷な結果だった。

15分に先制を許すと、その後もG大阪を止められずに大量5失点を喫した。

これだけの大量失点は、シーズン初のこと。残留争いを繰り広げた前年も、なかったことだ。

ミシャも、「ここまでわれわれが本来やろうとしていることが出せなかったのは、今シーズン初めて」と、完敗を認めるほかなかった。

ただ、この日の大敗については、切り替えることが十分できるものだった。

結局、G大阪はこのシーズンを16位で終えてJ2に降格するのだが、この試合のG大阪は、残留争いをしているチームのそれではなく、まるでアジアを席巻していた頃の戦いぶりだったからだ。

本来は力があるクラブが、シーズンのベストパフォーマンスを出してきた。その結果、負けた。そう割り切れる一戦がＧ大阪との試合だった。「この敗戦だけを考えてネガティブになるのではなく、負けは負けとして受け入れて、優勝するんだという強い気持ちを持ってまた戦っていきたい」（柏木）、「大事なのは次の試合。これで学んでやっていくしかない」（平川）、「これを良い方向に持っていけるように、チームとしてさらに成長するために必要なことだと捉えて、次の試合に生かしたい」（梅崎）、「あまりネガティブに考え過ぎず、次の試合に引きずらないようにしたい」（槙野）と選手たちは次の試合へと視線を向けていた。

続く第27節で前年王者の柏に2－1で競り勝った浦和は、第28節でホームにコンサドーレ札幌を迎えた。

ここまで札幌は勝ち点10しか挙げていなかった。前節の川崎フロンターレ戦に0－1で敗れて今季23個目の黒星が付き、7試合を残してのJ2降格が決まっていた。

勝ち点5差で首位に立つ広島に追いつきたい浦和にとっては、勝利以外、決して許されない一戦だった。

ミシャも、「リーグ戦を戦うなかで唯一、勝って当たり前だという立ち位置で戦うゲームだ。勝利以外は負けを意味すると捉えている」と、位置づけていた。

その試合に、浦和は敗れた。

前述のコメントのあとに、「決して簡単なゲームにはならない。われわれはこれまで、下位のチームとの対戦で手こずったり、結果が出せないことが多かった」と、ミシャは警戒心を示していたが、札幌の浦和対策の前に無力だった。

札幌は、多くのクラブが『浦和対策』として採用する［5－4－1］の形で試合に臨んできた。

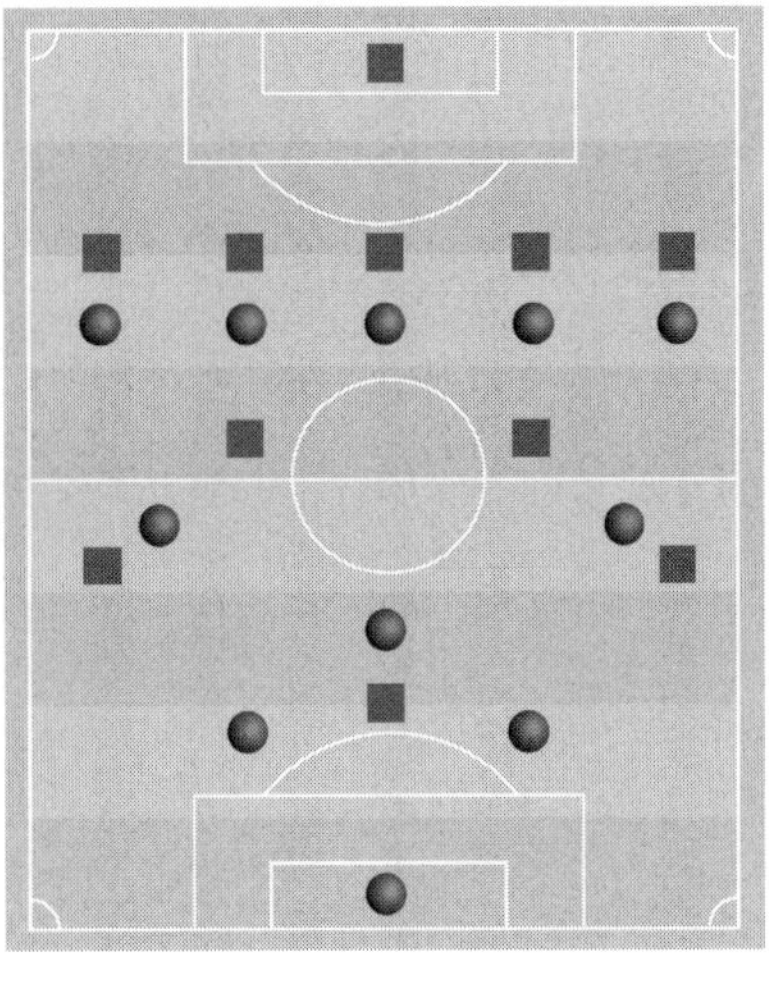

<他クラブの浦和対策>

●…浦和 ■…相手

浦和の攻撃が最終的に[2−1−2−5]になることが知られたことで、多くの相手は[5−4−1]の布陣で浦和が攻めるスペースを最初から消し、1対1の状況をつくるようになった。

攻め入るスペースがほとんどない状態で、浦和は前線のコンビネーションが鳴りを潜め、後方からのビルドアップもうまくいかない。

その中でも原口やマルシオ・リシャルデスがGKと1対1になるチャンスも作ったが、決め切ることができなかった。

ここまでも多くの試合で課題とされてきた「決定力」の問題を、最下位の札幌を相手にも露呈した。

0−0で前半を折り返すと、50分にMF古田寛幸に先制点を決められてしまう。〝まさか〟の先制を許したが、さらに74分にも古田に2点目となるゴールを許した。

87分に梅崎のゴールで1点を返した浦和だったが、試合終了間際の89分に得たチャンスも、原口が決め切れずに試合は終了。

試合後の記者会見、ミシャは第一声で「日本に来て、7シーズン目になるが、その中で二つある最も悲しい結果の一つになった」と、肩を落とした。

もう一つの試合に挙げられたのは、広島時代のJ2降格が決まった一戦。その試合と同等に扱われるほどのショックを、指揮官は受けていたのだ。

ミシャは、このシーズンが終わってからも、「2012年、ホームでの札幌戦」と、この試合のことを何度も言及している。チームの慢心を失くすためという意図もあるのだろうが、それだけではなく、トラウマになるような敗戦でもあったのだ。

札幌戦であまりに痛過ぎる敗戦を喫した浦和は、このダメージから回復できなかった。続くアウェイの仙台戦も2-3で敗れ、ホームでのセレッソ大阪戦はスコアレスドロー。アウェイの川崎F戦では試合を優位に進めながら相手のカウンターから失点を重ねて2-4で敗戦を喫した。

結局、3試合を残した時点で首位の広島との勝ち点差は9、得失点差は24に広がり、事実上、優勝の可能性が潰えた。

続く第32節では広島との直接対決で開幕戦のリベンジを果たしたが、翌33節ではサガン鳥栖に敗れて5位に転落した。

それでも、最終節で名古屋に2-0で勝利すると、3位の鳥栖、4位の柏がそろって敗

J.LEAGUE DIVISION 1
浦 和
(Red)
G大阪
(White)
0−2
0−3
0−5
25 阿部 浩之 19分
9 レアンドロ 36分
9 レアンドロ 60分
11 パウリーニョ 87分
11 パウリーニョ 90分

れたために再逆転で3位に浮上し、ACL出場権だけは、得ることができた。

大事な終盤で勝負弱さを露呈してしまったが、冷静にシーズンを振り返れば、前年に残留争いを演じていたクラブが、途中まで優勝争いを繰り広げ、ACL出場権まで獲得できたことは、一定の成功を収めたと言えるだろう。槙野、阿部というチームの新たな柱になる選手を獲得したものの、基本的には前年に残留争いをしていた選手たちがベースになっていたのだ。

自信回復という意味では、大きな成果があったと言える。

その一方、1シーズン戦ったことで、明らかに足りない要素も見つかっていた。

それはストライカーである。デスポトビッチに加えてポポを獲得したものの、二人ともミシャのサッカーでは機能し切れなかった。

ポポは先発11試合を含む21試合の出場で3得点。

デスポトビッチは腰の負傷に悩まされたことも事実だが、出場は先発2試合を含むわずか11試合にとどまり、得点も柏戦の1点のみ。

チーム最多得点者はMFマルシオ・リシャルデスの9得点で二ケタ得点は皆無だった。ミシャサッカーは、誰か一人に依存するのではなく、どこからでも得点できる攻撃を標榜している。とはいえ、優勝争いをするチームとしては極めて異例のことだった。

最終的に1トップを務めたのは、前線で体を張ってボールを収める指揮官の求めるタイプの選手ではなく、ドリブルを持ち味として、中央よりサイドからの突破、カットインを得意とする原口だった。

このことも、どれだけ浦和がストライカー不足に苦しんでいたかを物語っている。

新シーズンに向けた補強ポイントは明らかになっており、そして浦和はすでにその解決に向けて動いていた。

ELGOLAZO　2012 浦和レッズ 変革の記録❶

2012年1月20日・21日発売　ELGOLAZO／1109号表紙
ミシャの就任会見

2012年に向けて、浦和が活動を開始した。

ビッグな補強があり、話題性のある人物が監督に就任したが、それにしては静かな船出だと言っていいかもしれない。4年連続の低迷で、周囲が「強い浦和」を信じることができなくなっているからだろうか。

そんな自信喪失気味のチームを預かることになったミハイロ・ペトロヴィッチ監督は「まず私が就任してやらなければいけないことは、選手がトレーニングする中でポジティブな雰囲気を作ること。働いている方、ファン、サポーターのみなさんにポジティブな雰囲気を持ってもらうことです」と述べた。確かに、信じて前を向けなくなっている空気の暗さを払しょくすることは、浦和再生へ向けた第一の要件だろう。このウィットに富んだ経験豊富な指揮官にまず求められているのは、高度な戦術ではない。もっと戦う集団としてのベースになる部分の立て直しだ。

指揮官自身も、それに自覚的で、「これまで浦和を見てきた中で感じたことは、能力の高い選手はいるが、チームの目標より個人の目標を考えている選手がいるということです。まずはチーム、その後に個人的な目標という順番でやってもらいたい」と語る。

浦和は大きなクラブだ。一定の成功を収めたプライドの高い選手の集まりであり、それをまとめるのは当然ながら簡単ではない。ただ、世界中のビッグクラブがそうであるように、簡単ではないからこそ規律とリーダーシップが重要になる。新監督には、それを期待したい。

ペトロヴィッチ監督は、06年の浦和優勝を見て、その熱狂ぶりに大きな感銘を受けたという。あの当時に比べて、浦和の温度は下がり、喧騒は沈静化したかもしれない。しかし、だからこそ、やり直せる余地ができているとも思う。いつの日かクラブの歴史を振り返ったとき、重ねた敗北は、謙虚に戦うための土壌作りに役立ったのだと言えるかどうか。

「魔法はありません。魔法をかけて1日で出来上がることはありません。サッカーは積み重ねて出来上がっていくものです」（ペトロヴィッチ監督）

一時、浦和は魔法を信じて積み重ねることを放棄してしまった。やり直しのシーズンにあたって、有能な監督がやって来た。でも、監督が決して魔法使いでないことはもう分かっているはずだ。次に必要なものは何だろうか。

2012年、浦和レッズの新たなサイクルが始まった。（本紙・川端 暁彦）

ミシャの就任会見。「家を建てたければいい土台が必要です。
いい土台ができれば、2階建て、3階建ての家も建てられる」などと語った

ELGOLAZO　2012 浦和レッズ 変革の記録❷

2012年3月19日・20日発売　ELGOLAZO／1133号表紙
J1第2節・柏戦（H）マッチレポート

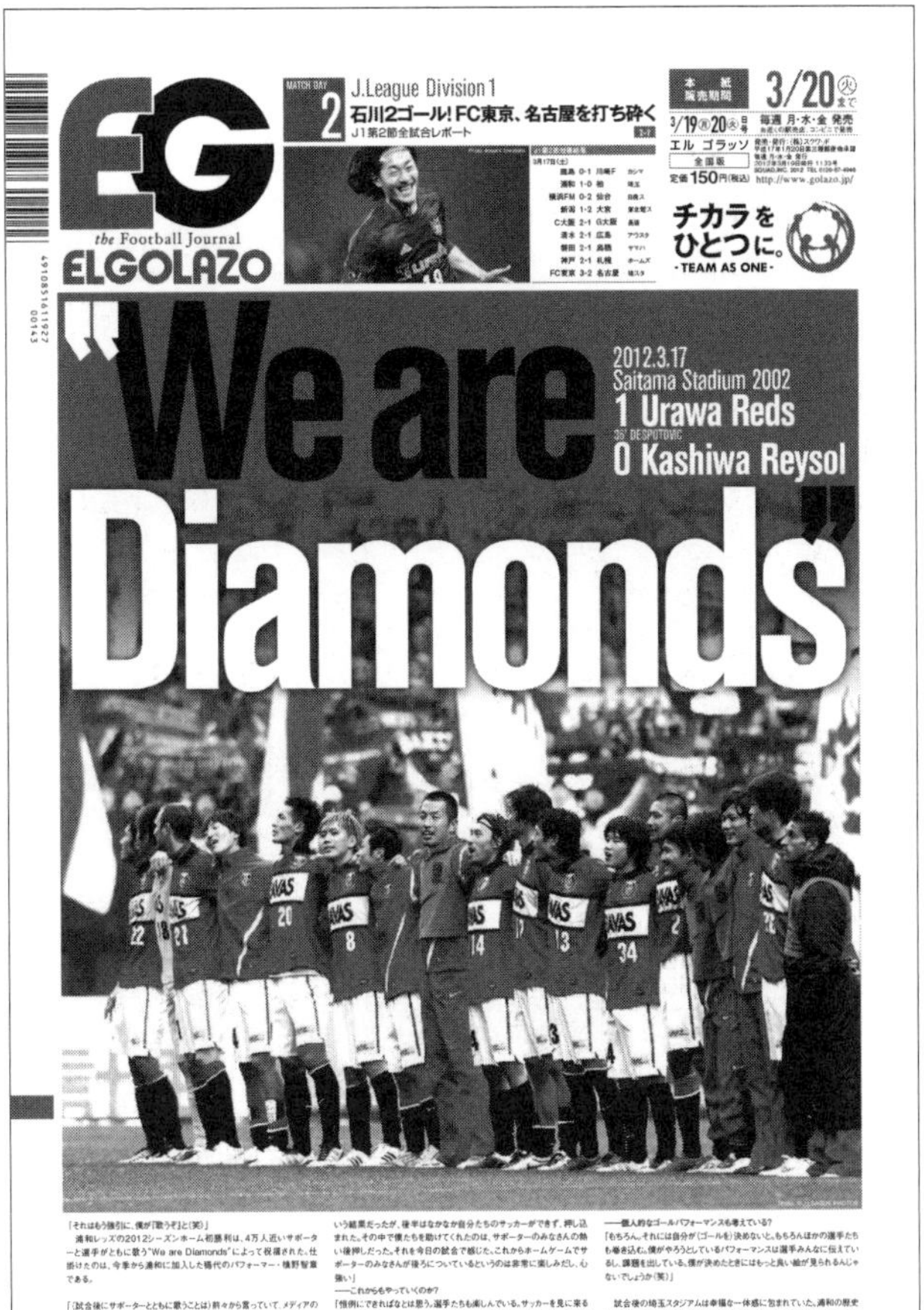

EG the Football Journal ELGOLAZO

MATCH DAY 2 J.League Division 1
石川2ゴール! FC東京、名古屋を打ち砕く
J1第2節全試合レポート

3月17日(土)

鹿島	0-1	川崎F	カシマ
浦和	1-0	柏	埼玉
横浜FM	0-2	仙台	日産ス
新潟	1-2	大宮	東北電ス
C大阪	2-1	G大阪	長居
清水	2-1	広島	アウスタ
磐田	2-1	鳥栖	ヤマハ
神戸	2-1	札幌	ホームズ
FC東京	3-2	名古屋	味スタ

本紙販売期間 3/20(火)まで
3/19(月)20(火)日号　毎週 月・水・金 発売
エル ゴラッソ　全国版
定価150円(税込)　http://www.golazo.jp/

チカラをひとつに。 -TEAM AS ONE-

"We are Diamonds"

2012.3.17
Saitama Stadium 2002
1 Urawa Reds
35' DESPOTOVIC
0 Kashiwa Reysol

「それはもう強引に、僕が『歌うぞ』と（笑）」

浦和レッズの2012シーズンホーム初勝利は、4万人近いサポーターと選手がともに歌う"We are Diamonds"によって祝福された。仕掛けたのは、今季から浦和に加入した稀代のパフォーマー・槙野智章である。


「（試合後にサポーターとともに歌うことは）前々から言っていて、メディアのみなさんの力で報道もしてもらっていた。『歌うの?』と聞いてきた選手もいたけど、まあ無理矢理（笑）」

——パフォーマンスは成功だった?

「どの向きで歌えばいいのか分からなくて、そこは問題だったけれど、もっともっと一体感が出るような時間を作ればいい。今日は1-0の勝利という結果だったが、後半はなかなか自分たちのサッカーができず、押し込まれた。その中で僕たちを助けてくれたのは、サポーターのみなさんの熱い後押しだった。それを今日の試合で感じた。これからホームゲームでサポーターのみなさんが後ろについているというのは非常に楽しみだし、心強い」

——これからもやっていくのか?

「恒例にできればなとは思う。選手たちも楽しんでいる。サッカーを見に来るだけのお客さんもいるかもしれないけれど、ああやって選手たちと一体になる時間を作る中で楽しんでもらえるような時間も必要。近年、浦和レッズの集客率がなかなか上がらない中でも、少しでもパフォーマンスを見てくれる、パフォーマンスが好きになって浦和が好きになってスタジアムに来てくれる人が一人でも増えればいい」

——個人的なゴールパフォーマンスも考えている?

「もちろん。それには自分が（ゴールを）決めないと。もちろんほかの選手たちも巻き込む。僕がやろうとしているパフォーマンスは選手みんなに伝えているし、課題を出している。僕が決めたときにはもっと良い絵が見られるんじゃないでしょうか（笑）」


試合後の埼玉スタジアムは幸福な一体感に包まれていた。浦和の歴史の中で選手とサポーターがともに歌うのは初めてのことだという。そのことについて訊ねられた槙野はこう言った。

「浦和レッズは今年、生まれ変わる」

埼スタから聞こえてきた歌声は、赤い悪魔の復活の胎動か。

（本紙・寺嶋 朋也）


埼玉スタジアムで行われた第2節・柏戦でミシャレッズ初勝利。

勝利の試合後に選手が肩を組み、サポーターとともに歌うパフォーマンスもここから

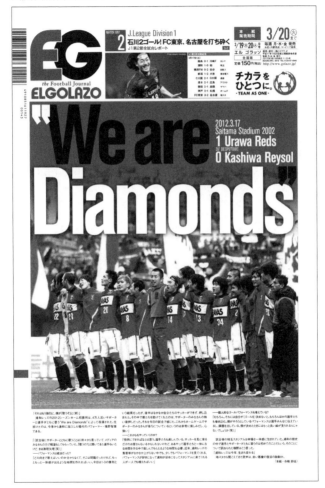

2012年8月20日・21日発売　ELGOLAZO／1195号表紙
J1第22節・鹿島戦（H）マッチレポート

EG the Football Journal ELGOLAZO

MATCH DAY 22 J.League Division 1
神奈川ダービー、熱戦の行方
J1第22節マッチレポート

本紙販売期間 8/21(火)まで
8/20(月)21(火)日号　毎週 月・水・金 発売
エル ゴラッソ　全国版
定価150円(税込)　http://www.golazo.jp/

J2リーグ戦は次号にて詳報いたします

浦和に宿った“ポジティブな狼”

J.League Division 1
2012.8.18 Saitama Stadium 2002
Urawa Reds 2
26' UGAJIN 39' HARAGUCHI
Kashima Antlers 1
55' IWAMASA

浦和レッズは、この鹿島戦を前に一つの岐路に立っていた。

連敗か、否か。

近年のJ1は、「混戦」がその代名詞となっている。その混戦を抜け出していくためには勝ち点を積み上げ続けるしかないのだが、それと同じくらいに重要なのが連敗をしないことだ。昨年のJ1を制した柏のネルシーニョ監督が、「勝利の文化」という言葉を用いてこの点を強調していたのは記憶に新しい。

浦和のペトロヴィッチ監督は、独特な比喩的表現で岐路に立つ選手たちに語りかけたという。

「狼の中にはポジティブな狼とネガティブな狼がいるが、常にポジティブな狼が勝っていないといけない」

たかが一敗、されど一敗。一つの敗北によって弱気が頭をもたげるのも仕方がないことだと“息子たち”に理解を示しながら、それに打ち克てるかどうかは自分たち次第だというメッセージを送った。

かくして浦和は、ポジティブな狼となって“鹿”に襲いかかった。両サイドを広く使いながら、相手の守備網のギャップが大きく開いたところを巧みに突いていく。相手は小笠原満男という中盤の大黒柱を欠いていたが、それを差し引いたとしても前半の浦和の出来は特筆に値するものだった。特に原口元気のチーム2点目は、ワンタッチでサイドからペナルティーエリア内へ絶妙なボールを入れていった宇賀神友弥のパスも含めて、思わずうなってしまうほどの見事なゴールである。後半は一転、セットプレーから岩政大樹に逆襲の一撃を許し、鹿島に押し込まれることになったが、いまの浦和は発展途上のチームだ。老獪なゲームコントロールはこれから先の課題としたい。

岐路から一歩踏み出した浦和。こちらは、黄金の狼と緋色の大狼が先を歩む道である。

（本紙・寺嶋 朋也）


慣れない1トップをこなした2012シーズンの原口。

第22節・鹿島戦ではミシャレッズらしい崩しに絡みながらゴールを決め、勝利の立役者に

<2012公式戦戦績>

日付	カテゴリー	節	H/A	対戦相手	スコア	得点者
3月10日	J1	1	A	広島	0●1	
3月17日	J1	2	H	柏	1○0	デスポトビッチ
3月20日	ナビスコ	1	H	仙台	1○0	永田
3月24日	J1	3	A	札幌	2○1	柏木2
3月31日	J1	4	H	川崎F	1△1	ポポ
4月 4日	ナビスコ	2	A	磐田	3●4	小島、OG、高橋
4月 7日	J1	5	A	鹿島	3○1	リシャルデス2、ポポ
4月14日	J1	6	H	神戸	2○0	阿部、リシャルデス
4月18日	ナビスコ	3	H	C大阪	1●4	矢島
4月21日	J1	7	A	大宮	0●2	
4月28日	J1	8	A	名古屋	2○1	リシャルデス2
5月 3日	J1	9	H	横浜FM	1●2	槙野
5月 6日	J1	10	A	磐田	2△2	槙野、原口
5月12日	J1	11	H	新潟	1△1	リシャルデス
5月16日	ナビスコ	4	A	川崎F	3○0	柏木、宇賀神2
5月19日	J1	12	H	清水	1○0	阿部
5月26日	J1	13	A	FC東京	1△1	リシャルデス
6月 6日	ナビスコ	5	A	鳥栖	1●2	リシャルデス
6月16日	J1	14	A	G大阪	2○1	原口、梅崎
6月23日	J1	15	H	仙台	0△0	
6月27日	ナビスコ	7	H	広島	3○0	デスポトビッチ、野田、矢島
6月30日	J1	16	A	C大阪	1△1	鈴木
7月 7日	J1	17	H	鳥栖	4○3	梅崎、平川、原口2
7月14日	J1	18	A	新潟	0△0	
7月28日	J1	19	H	磐田	2○0	柏木、阿部
8月 4日	J1	20	H	FC東京	2△2	宇賀神、リシャルデス
8月11日	J1	21	A	神戸	0●1	
8月18日	J1	22	H	鹿島	2○1	宇賀神、原口
8月25日	J1	23	A	清水	2○0	梅崎、阿部
9月 1日	J1	24	H	大宮	1△1	原口
9月 8日	天皇杯	2回戦		ヴォルカ鹿児島	2○1	田中、ポポ
9月15日	J1	25	A	横浜FM	2○1	柏木、槙野
9月22日	J1	26	H	G大阪	0●5	
9月29日	J1	27	A	柏	2○1	梅崎、ポポ
10月 6日	J1	28	H	札幌	1●2	梅崎
10月10日	天皇杯	3回戦		讃岐	2○1	矢島、ポポ
10月20日	J1	29	A	仙台	2●3	槙野、リシャルデス
10月27日	J1	30	H	C大阪	0△0	
11月 7日	J1	31	A	川崎F	2●4	柏木、槙野
11月17日	J1	32	H	広島	2○0	梅崎、鈴木
11月24日	J1	33	A	鳥栖	1●3	梅崎
12月 1日	J1	34	H	名古屋	2○0	柏木、槙野
12月15日	天皇杯	4回戦		横浜FM	0●2	

第3章 功罪 2013シーズン

＜2013移籍情報＞

IN		
Pos.	名前	前所属
DF	那須 大亮	柏
DF	森脇 良太	広島
DF	槙野 智章	ケルン(ドイツ)／完全移籍
MF	関口 訓充	仙台
MF	永田 拓也	草津／期限付き移籍から復帰
FW	興梠 慎三	鹿島
FW	阪野 豊史	明治大

OUT		
Pos.	名前	移籍先
DF	濱田 水輝	➡新潟／期限付き移籍
DF	岡本 拓也	➡長崎／期限付き移籍
MF	青山 隼	➡徳島／完全移籍
FW	田中 達也	➡新潟
FW	ポポ	➡神戸
FW	原 一樹	➡京都／完全移籍
FW	エスクデロ セルヒオ	➡FCソウル／期限付き移籍
FW	デスポトビッチ	➡シドニーFC(オーストラリア)

※「／完全移籍」…そのシーズンから期限付き➡完全に切り替え
※期限付き移籍の延長は含んでいない

待望の和製ストライカーの加入

天皇杯もリーグ戦終了から２週間後の４回戦で横浜ＦＭに敗れ、ノンタイトルに終わったミシャレッズの１年目。

シーズンを終えた直後の12月17日にはサンフレッチェ広島からミシャの申し子の一人であるＤＦ森脇良太の加入が発表された。

さらに12月中にベガルタ仙台からＭＦ関口訓充の獲得も発表され、１月に入ると４日に鹿島アントラーズからＦＷ興梠慎三、翌５日に柏レイソルからＤＦ那須大亮の加入も発表された。

山道守彦強化本部長はこの年の補強について「ミシャ監督とチームの戦術に合った選手、このチームをもっと熟成させるにはどういう選手が必要か議論を重ねてきた」と説明した。

２０１２年はミシャの監督就任が決まった後に槙野智章、阿部勇樹、ポポを獲得したが、やはり監督就任決定後では理想の戦力をそろえる時間はなかった。しかし、前年のシーズン中から構想を練ることができたこの年は、よりミシャ好みの選手を獲得できるチャンスがあったということになる。

実際、ミシャは獲得した選手たちについて「クラブも私自身も希望した選手」と言及した。ザスパクサツ群馬から復帰したMF永田拓也、浦和ユースから明治大を経て入団したFW阪野豊史はレギュラー争いをするとは考えにくかった。しかし、他クラブから獲得した4選手は、いずれも実績のある選手たち。森脇は右CBと右ウイングバックでプレーでき、那須は最終ラインとボランチでプレーできる。さらに左右両サイドをこなせる関口、そしてFWの興梠と、選手層の薄かったポジションにピンポイントで実績のある選手を補強している。

その中でも目玉は興梠だった。

2012年、決定力不足に悩まされた浦和にとって、待望のストライカーだ。決して大柄ではないが、フィジカル能力が高く、体を張ったプレーのできる興梠は、攻撃の基準点としても期待ができた。

ミシャと山道強化本部長の話し合いの中でも、新シーズンの構想を練る中で早々にリ

ストアップされていた。
浦和からのオファーを受けた興梠自身は、移籍にあたって悩んでいた。鵬翔高校を卒業してプロデビューしてから8年に渡って鹿島一筋でプレー。リーグ優勝3回、ナビスコカップ優勝2回、天皇杯優勝2回を経験していた。クラブやサポーターへの愛情も強く、「最初は鹿島から出る気はなかったし、非常に悩んだ」と後に明かしている。
しかし、興梠の気持ちを動かした要因の一つにミシャの存在があった。
「何よりもミシャ監督のサッカーが大好きだった。そのスタイルを見るごとに、どんどんここでやりたいと思うようになった」

前年に鹿島でリーグ戦30試合出場11得点という結果を残しながらも、ＦＷではなくサイドハーフでプレーするなど、起用法に不満があったことも確かだろう。だが、それ以上に、興梠にとっては浦和が見せていたミシャのサッカーが魅力的だったのだという。

もう一人、自ら積極的に注目を集めた選手がいる。ミシャを追う形で広島から加入した森脇である。複数ポジションをこなす森脇だが、特に右ＣＢでのプレーが期待されていた。

２０１２年、右ＣＢはＤＦ坪井慶介が務めていた。坪井は２０１１年のリーグ戦の出場は５試合、先発出場はわずか１試合だった。それが２０１２年は、開幕戦を除く33試合で先発出場し、復活を果たした。ミシャの要求にも懸命に答えて、それまではまず見られなかった攻撃参加で、埼玉スタジアムを沸かせることもあった。

とはいえ、守備面では申し分ないパフォーマンスを見せつつも、やはり攻撃面では物足りなかった。攻撃参加の質、回数、そして前線に正確なパスを打ち込むという点で、ミシャのサッカーを十分に体現しているとは言い難い。そこで守備面では坪井に劣るが、足元の技術、パスセンスに長ける森脇が補強された。

森脇の魅力と言えば、底抜けに明るいキャラクターという点にも触れなければならないだろう。

今ではヒーローインタビューでサポーターからブーイングを受けることが恒例となっているが、それもキャラクターが受け入れられた証拠か。

そのキャラクターを森脇は加入会見の冒頭の挨拶でいきなり披露した。

「私事ですが」と、移籍会見ではあまり聞かれない言葉で自己紹介を始めた森脇は、「13日に引っ越しをして、13日の午後から埼玉に向けて車で出発しました。次の日の夜中に埼玉に到着して、まだマンションが決まっていなかったので、14日は1日予定を空けていたのですが、朝、ホテルから出て、駐車場を出ようと思ったら辺り一面が真っ白だったんです」と、マイペースぶりを発揮した。独演会は続く。

「何よりも、まずは自分の住むところを決めないといけません。『（雪の中）不動産屋さんに向かったら危ない』という思いもあったけど、住む場所が決まらないと心も落ち着かない。しかし、不動産屋さんに着いたら、『今日はこの状況だからマンションを見ることはできません』と言われました。『おいおいちょっと待てよ』、と。

もうどうしようもないので引き返したら、また大降りになって、車を走らせるどころじゃなかった。しかも、その地域だけ登り坂が多くて、僕の車はノーマルタイヤ。これ以上は危険で、けがをしてもいけない。路肩に止めて車の中で一泊するか、とあきらめかけていたときに、浦和のマネージャーの方々とマキ（槙野）から『なぜ（待ち合わせ場所に）来ないのか』と電話が来た。理由を説明したら、マネージャーの方がいろいろな人に伝えてくれて、宇賀神と加藤さんが応援に駆け付けてくれた。浦和のスタッフ、地域の住民の方々も手伝って僕の車を動かしてくれて、駐車場に入れることができたんです」と、しゃべり通した。

『何の話だよ！』と突っ込みたくなっていた報道陣をよそに、「浦和はスタッフや住民の人が自然と助けてくれる素晴らしいクラブ。昨日の恩をピッチで返す」と、半ば強引に自分の話したかった物語を会見向けに整えたが、この一発目の挨拶からは、その話の内容よりも、森脇自身のキャラクターが存分に伝わった。

かつて広島で一緒にプレーしていた選手が多いことも、プラスに作用したのだろう。始動日の1月20日、初めてチームバスに乗った時点で、すでにイジられ役となり、完全にチームに溶け込んだ。

ちなみに興梠が加入会見で浦和の選手として公の場で発した第一声が「森脇の後で話しづらい」だったことは、前述の森脇のエピソードとあわせて、強烈に印象に残っている。

テーマは「継続」

始動日の1月20日。前年と同じように、そして今では恒例となっているように記者会見を開いたミシャは、２０１３年のテーマを「継続」と掲げた。

「私はコロコロと考えを変える監督ではない。私自身、目指す方向性、道は見えている」としたうえで、前年同様に「こういった場で多くのことを約束する人間ではない。目指すところは昨シーズンの継続、目指す方向に向かって日々、進んでいく」と具体的な目標を口にすることはなかった。

それでも、槙野によれば選手たちに対しては「今年はやってやろう。昨年までの浦和レッズとは違う姿を見せてやろう」と言っていたという。

もちろん、このクラブは〝浦和レッズ〟である。

柏木は「タイトルばかりに囚われるのは良くない」としながらも「タイトルをどれかは獲りたい」と話す。

槙野もまた「獲れるタイトルは全部獲りたい。プロ生活の中でこんなにワクワクするシーズンはなかった。みんな口々に『タイトルを獲りたい』と言うけど、やっと本当に狙える戦力、環境が整った」とした。

Jリーグは、クラブの力が拮抗してい

る。そのため、多くのクラブが目標としてタイトル獲得を掲げる。

とはいえ、ミシャ体制２年目の浦和にとってタイトルはやはり〝とりあえず言ってみる〟というレベルの目標ではない。他のクラブと比較してもより現実的な目標であり、よりノルマに近い目標と言えた。

前年の最終節、劇的な逆転劇によりＡＣＬ出場権を得た浦和は、例年のように1次キャンプを宮崎で、2次キャンプを指宿で行った。

１次キャンプの総決算として行われた大分トリニータとの練習試合。新チームとして初めてのＪクラブとの対戦で、いきなりインパクトを残したのが興梠だった。

両サイドの森脇、関口とともに2試合目の後半（45分４本の４本目）で1トップに入ると、９分には槙野の縦パスを受けて反転してからシュートを決めてさっそくゴールを記録。それだけではなく、前線でボールを収めて起点になれば、最終ラインの裏に抜け出してチャンスをうかがうなど、新シーズンに向けての期待が膨らむプレーを見せた。

キャンプ前のトレーニングから、加入直後とは思えないほどフィットしていた印象があった興梠だが、「監督のやりたいことが分かってきた」という言葉通りの大活躍である。

〝足りなかったワンピース〟を埋める存在としての期待感は、否応なしに高まった。

この試合では右ウイングバックでプレーしたが、浦和に戻ってからの東京ヴェルディ戦では右CBとしてプレーした森脇も、積極的かつ速い攻撃参加でミシャの下で5年プレーしていた力を発揮した。

これで右に森脇、左に槙野と攻撃的な選手が最終ラインの両脇に入ることになったが、森脇は「広島時代は僕のスルーパスがつながったと思ったら、パスを受けたのが槙野で、『おまえ、どこまで前にいるんだ』という場面もあった」という笑い話をしつつ、「まずはチームの規律を守ってバランス良く」という意識を持って戦うことを明言した。

ミシャの監督就任2年目、さらにACLを戦うことでシーズンの開幕が早まったこともあり、指宿での2次キャンプでは、前年の同じ時期に比べてメンバーをある程度、固定しながら準備を続けた。

GKに加藤。DFは右から森脇、那須、槙野。ボランチに鈴木啓太と阿部。右ワイドに梅崎司、左ワイドに宇賀神友弥。シャドーに柏木と原口元気が入り、1トップに興梠。これが指宿キャンプ時点でのレギュラーであり、一部選手を除いてシーズンを通してレギュラーとして戦うメンバーになる。

興梠の加入により、真価を発揮しようとしていた選手もいた。

昨季は1トップで起用されることも少なくなかった、原口だ。

元来、サイドや2列目でのプレーを得意とする原口だが、2012年は駒不足というチーム事情のため、最前線の1トップに置かれることが多かった。

「シャドーのほうが合っている。シャドーをやったことであらためて自分の気持ちを確認できた」

1トップに入ってゴールに背を向けた状態でボールを受けても、自身の持ち味は発揮しにくい。シャドーに入って前を向いてドリブルを仕掛けられる状態でボールを受けてこそ、能力を最大限に発揮できることを再確認していた。

「去年1トップをやったことでFWの気持ちは分かるようになった」

本職ではなかった1トップ。それは持ち味を存分に生かせるポジションではなかったが、そのポジションを経験することによってプレーの幅が広がったという収穫もあった。後に4バックの左や左CB、練習ではシャドーを務めることもあった宇賀神は、他のポジションでプレーする利点についてこう説明している。

「他のポジションでプレーすることで、ここでプレーする選手が何を求められるかが分かる。それにほかのポジションをやるとそのポジションをやっている人のすごさが分かる。自分の中ではワイド（ウイングバック）が一番キツいんじゃないかと思っていたけど、そんなことないなって。ほかのポジションもすべて大変だっていうことが分かる」

本職とは異なるポジションを務める利点は間違いなくあった。そして、2列目に戻った原口は、単純にやりやすい環境に戻ってこれまで通りの力を出すだけではなく、昨年の経験を生かしたパフォーマンスを示そうとしていた。

6年ぶりのリーグ開幕戦勝利

迎えた2013シーズン公式戦初戦は、AFCチャンピオンズリーグ（ACL）の広州恒大（中国）戦だった。

浦和にとっては、５年ぶりのアジアの舞台である。

広州恒大は、２０１０年Ｗ杯でパラグアイ代表のチームキャプテンとして全５試合に出場したＦＷルーカス・バリオスが所属し、指揮を執っているのは、ユベントスの監督としてセリエＡ優勝５回、欧州チャンピオンズリーグ優勝１回、さらにイタリア代表監督としてＷ杯をも制している世界屈指の名将、マルセロ・リッピ監督である。巨額の資金力と超アジア級の戦力を持つ広州恒大は、グループ最大の難敵と目されていた。

それでもミシャは、「リッピ監督をリスペクトするが、それ以上の気持ちはない。自分たちのサッカーをするだけ」と臆することなく臨むことを強調。

選手たちも「浦和に来て４年目になるけど、（シーズンのスタートとして）一番良い感触がある」（柏木）、「（ＡＣＬは）プロになってから待ち望んでいた舞台なのでただただ楽しみ。でも、出るだけじゃなくて結果を残さないといけない」（宇賀神）と意気込んでいた。

〝浦和のゆるキャラ〟とも称される永田も、「けが人が出始めているのが心配。それでも去年のスタートよりもチームの質は高いし、自信がある」と強気に話した。永田だけではなく、ミシャ、選手、そして周囲で見ている取材陣もチームの成長は確かに感じていた。

ただし、新チームのお披露目となる一戦に限定すると、話がやや違ってくる。興梠が太ももの張りで離脱。直前まで出場の可能性を探るために中国遠征には帯同したが、出場できる状態ではなかった。最終的に広州恒大戦は、原口が1トップ、マルシオ・リシャルデスがシャドーという昨季と同じ組み合わせで臨むこととなった。

天河体育中心体育場に集まった観衆は3万9，876人。5万8，500人の収容人数を誇るスタジアムでは満員とは言えないが、Jリーグでこれほどの集客数を誇るのは今や浦和だけ。つまり、日本では体験できないアウェイ戦ということになる。

スタジアムの敷地内にはやはり日本では見られないほど多数の公安警察が警備に当たり、浦和サポーターを取り囲むなど物々しい雰囲気に包まれた。両国の国際関係による反日感情が不安視されていたが、実際は浦和に対するブーイングは心配されたほどではなく、むしろ広州恒大のワンプレー、ワンプレーに歓声を送る、日本とは異なるスタンドの反応がアウェイを感じさせた。

その中でも浦和は引いて守って勝ち点1を狙う戦いではなく、自分たちらしい攻撃サッカーを展開した。しかし、リッピ監督率いる広州恒大はかつての中国代表のイメージのような大雑把な戦いではなく、理路整然とした組織的サッカーを展開する。SBは高い位置を取って浦和の両サイドを下げさせると同時に、アンカーが最終ラインに下りることで浦和の1トップ2シャドーに対応。浦和対策も十分だった。

シーズン開幕前のキャンプで手ごたえを感じていた浦和だったが、期待の興梠の欠場もあり、シーズン初戦で0－3の敗戦を喫した。広州恒大はこの年にアジア王者となる。シーズンの初戦で当たったのは運もなかった。


中国から帰ってきたチームは中2日でJ1開幕戦、アウェイでの広島戦を控えていた。浦和と同じく広島もリーグ戦の開幕前にACLを戦っていたが、広島は2戦続けてホームゲームであり、コンディション調整という点で浦和よりも有利。浦和としては敵地で広州恒大に勝っていれば、精神的な疲労は軽減されていただろうが、求めていた結果も残せておらず、苦しい状況にあった。

広島とは2シーズン連続、リーグ開幕戦で対戦することとなる。1年前は完敗した。しかし、この年は違った。

その変化をもたらしたのは、広州恒大戦を負傷欠場した興梠だった。

37分に浦和加入4年目にして、ようやく古巣相手にゴールを決めた柏木は、「（興梠）慎三の裏への動きがあったから良い試合になった。あいつはシュートが打てなかったけど、あいつがいたから俺らが生きた」と、ボールのない所での興梠の動きを称賛した。柏木と同様、シャドーに入って2点目を決めた原口も「慎三くんが前で体を張っているから自分たちが気持ち良くプレーできる」と感謝した。

先制点の場面、興梠はポストプレーで組み立てに絡むと、その後、ドリブルを仕掛ける原口とは逆方向へ動き出してDFを引きつけた。2点目の場面でもやはり原口と逆の動きをしてDFの注意を引きつけた。

1点目は柏木の原口を追い越す動き、2点目は柏木の素早いリスタートと原口の積極性に加えて、ボールに関与していないところでの興梠の動きはまさにミシャが求めるものであり、公式戦初出場にして前年には足りなかったFWがさっそくハマったと言える。

興梠自身も「もう少し（直接的な形で）点に絡みたかったけど、シャドーが点を取れるように動き出したいということは常に言っているので、二人が点を決めたことがうれしい」と、狙い通りのプレーで得点を導き、勝利に貢献できたことを喜んだ。

昨季は敗れた広島とのリーグ開幕戦に勝利。ミシャにとってはかつてホームだった広島の地での初勝利だ。

この勝利はいくつもの意味を持っていた。

指揮官、選手にとって思い入れのあるクラブからの勝利であること、昨季の開幕戦で敗れた相手に対するリベンジ。何より、浦和がJリーグの開幕戦で勝利を収めたのは、ACLを制した２００７年以来、６年ぶりのこと。さらに、アウェイでの開幕戦勝利は、クラブ史上初だった。

ユースに所属していた２００８年にトップデビューを果たしていた原口は、これまで開幕戦で勝利したことがなかった。

「今年は違うぞ、ということを1戦目で見せられたのは大きい」と、開幕戦初勝利を噛みしめながらも、「1試合だけじゃ意味がないので、2試合、3試合と継続して良いゲームをして勝っていかないといけない。まだまだ優勝とかいう話ではないと思うし、内容に目を向けてやっていきたい」と、特別な1勝にも浮かれることなく、気を引き締めた。

第2節・名古屋グランパス戦も勝利し連勝を飾った浦和だったが、第3節では昇格組の大分トリニータと2−2で引き分け、格下相手に勝ち切れない姿も見せた。それでも、5連勝の横浜F・マリノスには及ばなかったが、4勝1分という上々の成績で開幕5戦を終える。

一方、ACLでは苦戦が続いた。ホーム開幕戦のムアントン（タイ）戦こそ4−1で勝利したが、全北現代（韓国）とのホーム戦は後半に崩れて1−3で敗戦。続く韓国でのアウェイゲームも3分に那須、7分に梅崎が得点を挙げて、早々と2点をリードしたが、こちらもやはり後半に崩れて2失点を喫し、2−2で引き分けた。

ACLは開幕から4試合を終えて、グループステージ第5節の広州恒大戦に敗れれば

1試合を残して敗退という苦しい状況に追い込まれた。

しかしこの間、チームには変化があった。

リーグ第4節のアルビレックス新潟戦で、永田が左太ももも裏を痛めて負傷退場すると、これが転機となる。

永田は、2012年はリーグ戦29試合に先発出場し、この年も開幕からリーグ戦とACLの全6試合に出場していた。不動のリベロの離脱は、大きな痛手になると予想された。

永田の代わりに、このポジションを任されたのは、新加入の那須だった。

那須はこの2年、さらに向こう2年を含めても唯一、違約金を払って獲得した選手だ。

2012年は生え抜きの濱田がCBのバックアップや守備固めで試合を締める役割を任されていたが、特にミシャサッカーで重要な攻撃面、足元の技術にやや難があり、槙野を欠いた鳥栖戦など、先発で出場した際に自他ともに満足のいくプレーが出せなかった。

そうした2012年の状況を考えれば守備的な選手のバックアッパー獲得は必須であり、最終ラインだけではなくボランチもこなせる那須は適任と言えた。

那須もまた柏では右SBを務めることも多く、「僕の一番の特徴はセンターラインで生きるので、そこで勝負したい」という思いがあった。［3－4－2－1］というフォーメーションでリベロかボランチとしてのプレーを求められる浦和は理想的なチームだった。

永田が離脱するまで、那須はベンチでキックオフを迎え、リードしていた終盤に守備固めでボランチやストッパーとして起用されていた。那須自身、「（永田の）けががない限り、リベロに入ることはないと思っていた」と、当時を振り返る。

しかし、いざ3バックの中央に入ると、抜群のプレーで最終ラインを引き締めた。永田のけがというアクシデントにより、めぐってきたチャンスを那須は見事に生かす。

アウェイでのACL第4節・全北現代戦でCKからヘディングゴールを決めて、浦和加入後初ゴールを決めると、リーグ戦第9節のセレッソ大阪戦、第10節の鹿島アントラーズ戦、第11節のサガン鳥栖戦でもゴールネットを揺らし、DFとしては異例の3試合連続ゴールを記録した。

浦和にセットプレーという武器をもたらすと同時に、本職の守備でも強靭なフィジカルを生かした那須は、永田の負傷が癒えた後も先発出場を続けた。ミシャが求める最終ラインからのビルドアップは永田に及ばなかったものの「ビルドアップの時にうまく起点になれたらと意識している」と、求められている役割は十分に理解していた。最終ラインから絶えず送り続ける指示の声、また常にポジティブなメンタリティーも、チームにとってプラス要素だった。

ＡＣＬグループステージ突破が厳しくなっていた浦和だったが、リーグ第6節の湘南戦は大きなトピックが生まれた。興梠がＡＣＬを含めて公式戦9試合目の出場で待望の加入後初ゴールを決めたのだ。

30分、柏木が最終ラインの裏に出したパスに走り込むと、２００２年Ｗ杯のベルギー戦でＦＷ鈴木隆行が決めたゴールを彷彿させるように、足を目いっぱい伸ばしてつま先でボールに触り、ゴールネットを揺らした。

柏木のパスは見事だったが、決して簡単なゴールではなかった。

「陽介から良いボールが来たので触るだけだった」

試合後、ゴールについて問われた興梠は、最初にそう言ったが、続けて「ああいう方が決まるんでしょうね」と白い歯をこぼした。

GKとの1対1やグラウンダーで送られたパスを合わせるだけという比較的、簡単そうなシュートは、意外と難しい。余裕がある分、いろいろなことを考えてしまい、結果的にフィニッシュの精度が落ちてしまうのだ。むしろ『それは難しいだろう』と周囲から見られるボールの方が、無心でボールに向き合うことができ、得点しやすいと話すストライカーは少なくない。

フィニッシャーとしての興梠も、そのタイプだ。

「(自分がゴールを奪えていなくても) チームが勝ち点3を取れていたから、そんなに難しくは考えていなかった」と話す興梠は、普段から自身のゴールに固執するタイプではない。チームが、より多くのゴールを取れるように、常にゴールに結びつく確率の高いプレーを探っている。

「毎年1点取ると、立て続けに取れるので (リーグで5試合、公式戦で8試合ゴールがなかったことは) そんなに深く考えてはない」

最終的に興梠は、このシーズンでチーム最多かつ自身のキャリアハイとなる13得点を決めることになる。

ミシャと原口元気

新戦力たちがフィットしはじめた浦和は、４月24日、ＡＣＬの第５節でホームに広州恒大を迎えた。浦和にとっては敗れればグループステージ敗退が決定する一戦だ。

試合は23分に鈴木のパスを受けたマルシオ・リシャルデスがペナルティーエリアで倒されてＰＫを獲得するも、阿部が左ポストに当ててしまい、失敗。さらに前掛かりになった状況でボールを奪われてから一発の縦パスで裏を取られ、ペナルティーエリアの外まで飛び出したＧＫ加藤もバリオスにかわされて失点。選手たちも気持ちを切らせかねない非常に嫌な流れだった。しかし、０―１で折り返したハーフタイムには落ち込むどころか自信を持っていたという。

「ひっくり返せるようになれば上に行ける、と話していた」（柏木）

「みんなで『絶対に勝てる』というぐらい自信があった」（興梠）
「監督はもちろん、選手からいろいろな声が出た。なかなか見られない雰囲気だったので、これは行けると思った」（槙野）
そして52分、興梠のゴールで同点に追いつく。さらに63分には阿部が名誉挽回のゴールを決めた。そして65分に興梠がペナルティーエリア内で倒されてPKを得ると今度はマルシオ・リシャルデスがきっちり決めてリードを広げた。その後はリッピ監督が退席処分となった広州恒大に1点を返されたものの、リードを守り切ってACL3試合ぶりの勝利を挙げた。
迎えたACLグループステージ最終節。浦和はアウェイでのムアントン戦を1－0で勝ち切ってみせた。しかし全北現代が広州恒大と引き分けたため、浦和はグループ3位となり、5年ぶりとなったアジアにおける挑戦は、グループリーグ敗退で終わった。
ホームで先制しながら逆転負け、アウェイでは2点リードから追いつかれた勝負弱さが響く結果となった。
リーグ戦では第6節・湘南ベルマーレ戦後、大宮アルディージャと清水エスパルスを相手に連敗。ＡＣＬのムアントン戦を挟んでのセレッソ大阪戦は２－２のドローと、この時期のチームはやや停滞していた。

それでも、Ｃ大阪戦で生まれたスーパーゴールは、ファン・サポーターの中にも深く刻まれたのではないだろうか。試合後、ミックスゾーンでの取材対応を終えた矢島は興奮を隠せずに「メッシみたいだった、メッシ」と、去り際に笑いながら言った。

そのゴールを決めたのは、原口だった。１点ビハインドで迎えた71分、相手ＣＫからカウンターを仕掛ける。自陣深くからドリブルを仕掛けた原口は、そのままペナルティーエリアに入り込み、得意の左45度から利き足ではない左足でゴールを決めた。ピッチの約４分の３、およそ80メートルの距離をドリブルで駆け抜けた。

本来のシャドーにポジションを戻し、開幕から好調を維持していた原口だが、このときは万全の状態ではなかった。

第７節の大宮戦での接触プレーで肝臓に出血があったことにより、前節の清水戦は欠場していた。このＣ大阪戦でもドクターから、出場は最大で45分という条件付きでプレーすることを許されるという状況だった。

65分からピッチに立ち、ファインゴールを決めた原口は、「スルスル上がっていったらゴール前まで行けてしまったので、そのまま行ってしまおうと思った」と、淡々と話していた。

このシーズンは別次元のプレーをしていたが、その象徴のようなプレーだった。

原口はその後も第11節の鳥栖戦、第12節の柏戦で2試合連続ゴールを決めるなど、前半戦は絶好調だった。

しかし、5月下旬からコンフェデレーションズカップ開催に伴うリーグ戦中断期間に入り、1か月が経とうとしていた6月21日、事件が起こる。

週末の23日にナビスコカップ準々決勝第1戦、C大阪戦を控え、チームはいつも通りに試合に向けて準備を進め、ゲーム形式のトレーニングを行っていた。

そして2回目の給水を終えて3本目を迎えようとした時、ミシャが原口と控え組に入っていたマルシオ・リシャルデスの交代を命じる。すると原口はあからさまに不満を示してコートの外へと歩き出し、ゴールの横にあったクーラーボックスを思い切り蹴った。この行為に対して柏木が激怒。殴り掛からんばかりの勢いで原口に向かって行きながら、厳しい言葉を浴びせた。チームは原口をなだめるグループと、柏木を抑えるグループに分かれて、グラウンドは一時、騒然となった。その後、ミシャが原口を含めた選手全員を集めて青空ミーティングを行い、トレーニングはそのまま終了。試合を2日後に控えた中で、チームがバラバラになりかねない状況となった。

原口がミシャ監督に反抗したのは、これが初めてではない。

2012年9月29日、国立競技場で行われた第29節、アウェイの柏レイソル戦で、前半29分という早い時間に交代を命じられた。原口は納得せず、ミシャと杉浦大輔コーチ兼通訳に大きなジェスチャーで抗議。声を掛けたスタッフの手を振り払った。野田紘史と田中達也になだめられて少しは落ち着いたが、しばらく興奮した様子だった。

そうした前例があったこともあり、クラブはチームのトップである監督へのトレーニング中の原口の反抗に対して、週末のナビスコカップ準々決勝第1戦・C大阪戦の出場停止を決定する。しかし、ミシャ自身は原口をかばった。

「昨日われわれに起こったことは、サッカーの世界では、よくあることだ。浦和レッズは一つの大きなファミリーであり、大きなファミリーであれば何かしら事件が起こる。本来あってはならないが、ありえることであり、そうしたことが起こってしまったが、誰も見捨てることなく支え合っていくのがファミリーだ。（原口）元気は決して悪い人間ではない。彼は非常に純粋であり素直な人間だ。時として感情の高ぶりを自分で抑えられないことは事実だが、どんな人間にも良い部分とそうでない部分があると思う。彼はそういった自分の情熱的な部分を抑えられるように、できるだけそれをコントロールできるようになっていってほしい。これから努力するべきだと思う。どんな人間にも間違いはあるし、その間違いから学んでくれれば私はいい」

この言葉はもちろん公の場での発言ではあるが、父親のように選手たちに接するミシャの本心なのだろう。

そして、ミシャはC大阪とのナビスコカップ準々決勝第2戦で、原口を先発に戻す。結果は2−2ながら、第1戦に挙げた2つのアウェイゴールのアドバンテージを守り切って準決勝進出を果たした。

原口は柏木と並び、1トップのマルシオ・リシャルデスの背後に入ったが、試合途中でマルシオとポジションを変えて1トップにポジションを上げた。

「試合中にマルシオがやりにくそうに見えたし、流れも良くなかったので、周りの選手と話をした。『元気、前に行けよ』という話になったので、僕が前で収めようかなと」

この年の公式戦初戦、ＡＣＬの広州恒大戦で興梠を欠いて1トップとしての出場を強いられた際には「シャドーの方がやりやすい。シャドーをやりたい」と公言していたが、この試合ではチームメイトの助言に素直に従った。そして「前線でボールを収めるのは難しかった。やっぱり慎三くんスゲえな、大変だなって思った」としながらも、「（自分が1トップに入って）良くなったんじゃないかな」と、照れくさそうに笑った。

ただ、試合前に「結果を残すことでやっとチームに戻れる」と言いながらもゴールという結果を残せず、「自分の気持ち的にまだ戻れていないというか、もっと貢献して初めて戻れる。次の甲府戦でチームを救うぐらいの結果を残したい」と先へ向けての決意を新たにしていた。

続くリーグ再開初戦、第14節のヴァンフォーレ甲府戦では積極的に仕掛け続けながらも決定機を決められなかったが、第15節のＦＣ東京戦では1－2と1点ビハインドで迎えた終了間際の86分に貴重な同点ゴールを奪取。左サイドから中央に切れ込む得意のカットインから鋭い切り返しで高橋秀人を完全にかわし、ペナルティーエリアの外から左足で決めた原口らしい完璧なゴールだった。

原口は、どちらかと言えば自分が活躍できるか否かを他の選手よりも重要視しており、チームが勝っても自分のプレーに納得がいかなければ不機嫌であり、チームの結果が思わしくなくても自分がゴールすれば気分良く話す選手だった。しかし、いつの間にか考えが変わっていた。

このシーズンの第20節、名古屋戦を控えた8月上旬のことである。前節の広島戦のゴールでシーズン8得点目を決め、キャリアハイにあと1点と迫った。すると原口は、「9点で終わるつもりはないし、10点、11点と取りたいし、次の試合で9点目を取ればいい」と言いながら、「ただ」と続けた。「今は点よりもチームが勝ち点3を取ることに喜びを感じている。ごっつぁんゴール1点で内容が良くないより、内容が良い中でチームが勝ってノーゴールの方がうれしい。でも、ゴール数が評価につながるので、積み重ねていかないといけないとは思っている」。

それは明らかな意識の変化だった。その変化の理由について原口は次のように続けた。

「ミシャ（ペトロヴィッチ監督）がずっと言っていること、チームを第一に考えるということを意識するようになったから。最初は意味が分からなかったけど、勝つことで評価されるとうれしい。昔からもちろんチームが勝つことを優先していたけど、自分が決めればそれで良いという時期もあった。最近は誰が決めても良いと思う」

時にぶつかり合ったが、それもミシャにとっては想定内だったのだろう。「彼とは非常に戦ってきた」と話す指揮官は、「これまで彼が苦手としていたこと、得意じゃないことを私は求めてきた」と続けた。その指導によって、原口は確かに変わった。サッカー選手としてはもちろん、一人の人間としての成長にもつながっていった。

VSネルシーニョ

選手の成長を促すという点で指揮官としての手腕を見せてきたミシャだが、その一方で、大一番で勝てないという一面もある。その象徴の一つが、このシーズン、柏レイソルとの対決となったナビスコカップ決勝だろう。

柏とは、大一番を1週間後に控えたリーグ第30節でも対戦した。ナビスコカップ決勝の前哨戦と煽られたこの一戦、浦和は森脇と興梠を出場停止で欠きながら、5分、11分に柏木がゴールを奪って2－1で制している。この勝利は同じ相手と戦う1週間後のナビスコカップ決勝に向けても大きな手ごたえとなるものだった。

いざ、タイトル奪取へ――。浦和は決勝に向けて準備を進めた。柏とのリーグ戦が日曜日だったために、準備期間が通常より1日少ない状況だったが、いつもは試合2日後に取るオフをなくし、火曜日にフィジカルトレーニングを実施。さらに通常は10時スタートのトレーニングを12時20分とナビスコカップ決勝のウォームアップ開始時間と同時刻に設定した。スケジュールの設定からもタイトル獲得へ向けたチームの意気込みは十分に感じられた。

試合3日前の水曜日。大原のグラウンドにはそこはかとない緊張感が漂っていた。

ミシャと杉浦通訳を通じずに直接話をした宇賀神は「（ミシャは）１日休みがないけど、そんなに長くやらないから頑張れと言っていた。気を遣っていろいろ選手に声をかけていたので、（通訳はいなかったが言いたいことは）なんとなくは分かった」とミシャが選手の疲労を気にかけていたことを明かした。

そして宇賀神は次のように続けた。

「監督はいろいろな選手とコミュニケーションを取ってチームを一つにするのがすごく上手だと思うし、そういう監督だからこそ、タイトルを獲ってあげたい気持ちもある。監督は日本に来てからまだタイトルを獲っていない。Ｊ２優勝しかないので、初めてのタイトルに自分も加わりたい」。

そして迎えた国立競技場での決戦。ホーム＆アウェイで戦った準決勝までとは異なり、１試合ですべてが決まる、生きるか死ぬかの一戦だ。

相手の指揮官はネルシーニョ監督。柏レイソルに〝勝利の文化〟を受け付け、タイトルをもたらしてきた〝百戦錬磨の勝負師タイプ〟の指揮官である。選手を育て、チームを育てるタイプであるミシャとは正反対のタイプと言っていいのかもしれない。

実際に、ネルシーニョ監督はタイトルの懸かったこの決勝に向けて用意周到に準備を進めてきた。

リーグ前半戦、5月26日の第13節で浦和は柏に6－2の大勝を飾っている。ミシャサッカーのベースでもある、4バックの相手をいかに攻略するかというところがうまくハマった快勝だった。その後、ネルシーニョ監督は、浦和と同じ［3－4－2－1］の布陣の相手には、［3－4－2－1］に布陣を変えて対応するようになった。そして、ナビスコカップ決勝の相手が浦和に決まると、1週間前の〝前哨戦〟も含めて、トライ＆エラーを繰り返しながら、〝ミラーゲーム戦略〟のディテールを詰めていた。

迎えた決勝戦。守備を固める柏に対して、浦和は圧倒的にボールを保持しながら攻撃を仕掛けた。しかし、中央を固めてくる相手に対して、浦和の攻撃は工夫が足りない。相手の間を突いて縦パスを入れるなど浦和らしい攻撃も見られたが、攻撃が明らかに左サイドに偏っていた。このシーズンの浦和は槙野、宇賀神、原口が立つ左サイドの攻撃がストロングポイントになっていたのは間違いないが、柏木はこう説明する。

「チームが悪いときは、どうしても攻撃が左サイドに偏ってしまうけど、特に前半はそうだったんじゃないかなと。右が空いていても左に入れることが多くなってしまって、同サイドでの攻撃が続いてしまう。良い時は右サイドも使いながら左サイドも使うということができているけど、前半は同サイドばかりになってしまった」

柏木の言葉どおり、この日の浦和は圧倒的にボールを支配してサイド攻撃をしかけているように見えたが、決して良い状態ではなかった。そして前半終了間際の45分、攻撃的に出ていた左サイドから崩される。相手の右ウイングバックの藤田優人へのプレッシャーが遅れると、クロスに対してファーサイドを抜けだした工藤壮人にヘディングシュートを決められ、先制を許す。

後半は、「前半は同サイドばかりになってしまった」ことをチームメイトに伝えた柏木が、ポジションを下げながらボールを受けて出ていくプレーを見せるなど、前半からは攻撃に変化を加えた。しかし、〝勝負師ネルシーニョ〟の下、入念な浦和対策を進めてきた柏を相手に、最後まで得点を奪うことはできなかった。

2年前と同じ光景だった。またしても浦和の選手たちは銀メダルを首から下げて、

chip star
POLUS
FINAL
2013 Jリーグ
ヤマザキナビスコカップ
FINAL

FINAL
FINAL
2013 Jリーグ
ヤマザキナビスコカップ
FINAL

ピッチからロイヤルボックスでカップを掲げる相手を見上げなければならなかった。試合後の会見で、またしてもタイトルを獲ることができなかったミシャは、日本でタイトルを獲るためには何が必要だと思うか?と問われた。

「過去にJ2優勝とゼロックススーパーカップを獲ったことがある（笑）。私は6シーズン、広島を率いて、私が離れた翌年に広島はリーグ優勝をした。非常に良い交代だった。もしかしたら浦和の強化部ももう少し私に監督をやらせて、私を代えてから優勝しようと思っているかもしれない」とジョークを言いながら、「私は決して悲観していない。私はこの浦和で必ずタイトルを獲れると思っている」と話した。

12年も13年もシーズン始動の際に目標の明言を避けたミシャが浦和の監督として「タイトルを獲れる」と明言したのは、もしかすると、この時が初めてだったかもしれない。

しかし、ミシャの思いとは裏腹に、このシーズンの浦和はここから下降の一途をたどることになる。

バランスの崩壊

ナビスコカップ決勝の翌週のトレーニング。選手個々では笑顔で話したりしているものの、全体的にはいつものような活気がないように感じられた。

というのも、いつもはフィジカルトレーニングではどこかで誰かがふざけてそれに他の誰かが乗っかり、大声で盛り上がることも多いのだが、この日はそれがなかったからだ。第31節・ベガルタ仙台戦を控えた試合前日の練習はやや活気が戻ったものの、ゲームでレギュラー組が控え組に押される状態だった。コンディション的な問題などでそうなることは決して珍しいことではない。それでも、時期が時期、状況が状況なだけに心配された。

槙野は「ナビスコカップの敗戦を引きずらないようにしないといけないし、リーグ戦につなげないといけない」と話し、平川は「仙台戦で大事なのは我慢」としたが、試合は逆の展開になった。

ボールを保持する浦和とロングボールを多用する仙台が一進一退の攻防を繰り広げる。２分にウイルソンにゴールを許して先制されたが、６分に梅崎、31分に興梠と前線の選手が結果を残して逆転に成功した。後半に入ると47分に赤嶺のゴールで同点とされたが、59分に興梠がこの日２点目を決めて再びリードする。

点の取り合いの中で、浦和らしい攻撃を展開していたが、75分を過ぎると足が止まる。相手のロングボールを中心とした速い攻撃に防戦一方となり、苦しい時間が続いた。そしてアディショナルタイム２分、仙台の素早いリスタートから左サイドで突破を許すと、クロスに対する那須のクリアが小さく、石川直樹に渡り、まさかの同点ゴールを許してしまう。

この試合が始まる約４時間前、首位の横浜ＦＭが名古屋にホームで敗れていた。試合前の勝ち点差は２ポイント。勝利していれば、あと数分守り切れば、首位だった。

柏木は「首位に立つこんなチャンスを生かせないようじゃ優勝できるチームにはなれない」と吐き捨てるように言った。また、３失点目が決まった瞬間、ピッチ上で顔をしかめながら「マジか」とつぶやいた興梠は、「チーム全体が勝負弱い。ああいう時間帯で取られるのはこれが初めてじゃない。甲府戦もそうだった。これに勝てば首位に立てるというところでことごとく落としてきている。それは一人ひとりの勝負弱さが出ていると思うし、良い試合をしておきながら負ける…引き分けだけど負けに等しいぐらい」と、苛立ちを隠せなかった。決して守備陣だけの問題ではないとはいえ、3点取っても勝てないのだから、攻撃陣が苛立つのも無理はなかった。

勝ち点1を得たことで首位との差は縮まったが、後から思えばこの時すでに浦和のシーズンは終わっていたのかもしれない。

続く第32節・川崎F戦は攻守の切り替えも速く、ミシャが「ここ最近はクロスからの攻撃をトレーニングしてきた」と話したように、左サイドからの攻撃に偏るのではなく、両サイドから攻撃を仕掛けることができていた。しかし、1本目のセットプレーから失点し、カウンターとはいえドリブルで持ち運ばれ、相手へのプレッシャーが緩いままフィニッシュまで持ち込まれて追加点を奪われる。3失点目は同点に追い付くために前掛かりになっていたとはいえ、またもアディショナルタイムにゴールを許した。

この敗戦で首位との勝ち点は残り2試合で4ポイント。

「自分たちがやれることをやるだけ」（宇賀神）と、第33節に敵地で行われた鳥栖戦に臨んだ。しかし、勝利するどころか1－4で完敗。4失点目はまたもアディショナルタイムに決められており、ナビスコカップ決勝から公式戦4試合勝利なしとなった。

この敗戦でリーグ制覇の可能性が完全に潰えたうえに4位にまで後退する。さらに最終節のC大阪戦も、レジェンドである山田暢久のラストマッチでありながら、C大阪に良いように攻撃を仕掛けられて、まるで力なく2－5で敗れた。

結局、ノンタイトルであることに加えてリーグは6位とACL出場権も逃し、浦和の2013年、ミシャレッズの2年目は幕を下ろした。

2012年の課題であった得点力は、興梠の加入もあり、47得点から66得点と飛躍的にアップした。チーム全体としてのコンビネーションや前線まで持ち運ぶ質も向上したことは間違いなく、原口は「どんな相手でも崩せるという今までにない感覚」だったとリーグ最多の得点力を誇った攻撃に胸を張る。だが、その一方で51失点とリーグ7番目に多い失点を喫していた。

興梠は勝負強さを代名詞とする鹿島との差を痛感していたのだろう。「失点に関しては安い失点が本当に多いので、そういう意味で課題は守備だと見えてきた。それは後ろの人だけじゃなくて前からのハメ方もあるので、監督がどう思っているか分からないけど、選手としてはそこが足りないんじゃないかと実感した。見ている人たちは得点がいっぱい入れば楽しいかもしれないし、今のレッズは得点が上位だけど、正直、そんなに点はいらないと思う。1－0で勝っても勝ち点3。それよりゼロで守り切って勝ち点3を取る方がよっぽどうれしい」と厳しい言葉を交えながら断言した。

失点が増えた大きな理由は「バランスが崩れてしまう」（那須）ことにあった。

ミシャの「攻撃的なサッカーが浸透した」（平川）ことでチーム全体の攻撃意識がより強まったこともあっただろう。加えて、槙野、森脇は最終ラインからも積極的に攻め上がった。最終ラインの攻撃参加が増えれば、当然、守備は薄くなる。それをチーム全体でカバーできればよかったが、チームとしての守備は形成されていなかった。

槙野は最終節のC大阪戦翌日、次のように語った。

「戦いながら覚えていくことはもちろんあるかもしれないけど、根本的なチームの守り方がまだまだ曖昧な部分がある。シーズンを通してチームがどう守るかは、キャンプでしっかり作らないといけない。監督がどう練習に取り組むかは分からないけど、普段の練習から、ＤＦ陣、中盤の中でベースとなる守備のやり方をもう1回、チームとして構築していかないといけないと思っている」

守備の改善。それがこのシーズンを終えて残った、来季に向けた課題だった。そして前年と同じように、この課題を解決すべく浦和はある男にアプローチすることになる。

2013年1月16日・17日発売　ELGOLAZO／1252号表紙
浦和レッズ新体制発表会見レポート

待望の本格派ストライカー興梠慎三が注目を集めた2013年の新体制発表会見。
興梠は浦和への移籍を決断した理由の一つを「ミシャのサッカーが好きだった」と語った

ELGOLAZO　2013 浦和レッズ 変革の記録❷

2013年3月4日・5日発売　ELGOLAZO／1272号表紙
J1第1節・広島戦マッチレポート

EG
the Football Journal
ELGOLAZO

J.LEAGUE DIVISION 1
MATCH DAY 1

ポポ・トーキョー、白星スタート!!
J1第1節全試合レポート

3月2日(土)			
仙台	1-1	甲府	ユアスタ
横浜FM	4-2	湘南	日産ス
名古屋	1-1	磐田	豊田ス
C大阪	1-0	新潟	長居
広島	1-2	浦和	Eスタ
鳥栖	1-1	鹿島	ベアスタ
大宮	2-2	清水	NACK
大分	1-2	FC東京	大銀ド
3月3日(日)			
柏	3-1	川崎F	柏

本紙販売期間 3/5(火)まで
3/4(月)5(火)日号　毎週 月・水・金 発売
エル ゴラッソ　全国版　定価150円(税込)
2013年3月4日発行 1272号
SQUAD,INC. 2013
http://www.golazo.jp/

千葉×札幌

J.League Division 1
Opening Match
Sanfrecce Hiroshima 1
Urawa Reds 2

J、開宴!!

「うれしくて涙が出そうだった」と、38歳の土屋征夫は甲府の一員として帰ってきたJ1の舞台について、感無量の様子だった。羽生直剛は「J2から上がって初めての試合。もっとあたふたしちゃうかと思っていたけれど、すんなり入れた。『みんなすげぇな』と思う」と、J2でタフな試合を重ね、"経験値"を蓄えていた僚友たちを称賛した。久々のJ1で、甲府は昨季2位の仙台を相手に貴重な勝ち点を積み上げた。

「だって入っちゃったんだもん」と、横浜FMの重鎮・中村俊輔が"伝家の宝刀"についておどけて語れば、「めちゃくちゃ悔しい」と対する湘南の元気者・古林将太が肩を落とした。J1で久々に実現した"湘南ダービー"は、4-2という派手な乱打戦となった。

「今日のサッカーを続けていきたい」。アクティブなパスサッカーを披露したFC東京FW渡邉千真は、そう言って胸を張った。大分も粘り強く戦ったが、この試合に関しては、東慶悟という機動的なMFが加わったFC東京が一枚上だった。

「みんなに感謝したい」。大宮を相手に0-2と追い込まれてから、2-2に追い付いた清水。その原動力となった18歳、石毛秀樹は史上最年少開幕ゴールについて、はにかみながら、そう振り返った。

「右足でのゴールだったけど、ドキドキやった」。"らしくない"右足で先制点を決めた浦和の柏木陽介は、すかさず駆け寄ってきた森脇良太、槙野智章と喜びの抱擁を交わした。一方、「レッズに負けるとすごく悔しい。この悔しさをエネルギーに変える」と語ったのは、鮮やかなFKでゴールを奪いながら敗れた広島のMF森﨑浩司。ときおり王者の矜持をのぞかせながら、そうまとめた。

「まだ今シーズンが始まって1節を戦ったに過ぎない。サッカーというのは非常に危険なスポーツだと思う。われわれは今日、昨年リーグ戦で優勝したチームを相手に勝利を収めた。しかし、次の試合は常に危険である。われわれはまだまだ学ばなければならないことがたくさんある」。

開幕戦について総括したミハイロ・ペトロヴィッチ監督の言葉は、浦和に限らず、全クラブに共有できる要素があるだろう。

まずは1試合。2013年のJリーグが幕を開けた。（編集長・川端暁彦）

2年連続となった広島とのリーグ開幕戦。前年は完敗と言える内容で敗れたが、この年は柏木のゴールなどで2-1の勝利を飾った

2013年11月1日・2日発売 ELGOLAZO／1372号表紙
ナビスコカップ決勝・柏戦プレビュー

ビッグイベントが、今年もいよいよやってくる。11月2日の国立競技場、ナビスコカップ決勝だ。浦和と柏という関東圏の2クラブがファイナリストとなった今年は、チケット争奪戦ならぬチケット購買戦が繰り広げられたとのこと。これで2006年から8年連続で完売だという。改修前最後の国立開催となる今回の決勝も最高の雰囲気になるのは間違いなく、この日を楽しみに待つことができる両クラブのサポーターは、最高の1週間を過ごしていることだろう。

本紙編集部もソワソワ、ワクワク、そしてドタバタの1週間を過ごしてきた。この決勝は、両クラブの選手やサポーターだけでなく、エル・ゴラッソにとっても晴れの舞台だと勝手に思っている。もちろん、花形を務めるのは両クラブの担当記者だ。04年のエル・ゴラッソ創刊後、すでに担当記者として3度もナビスコカップ優勝を経験したというツワモノもいるが、自分は個人的にこれまでまるで縁がない。06年のことだ。多忙だった両担当記者のサポート役として、火曜日には鹿島、水曜日には千葉と飛び回り、選手を取材しながら写真もバシバシ撮った末に、試合当日は"戦力外"となったときは壮大にズッコケた。一抹の寂しさを抱えながらひざを抱えて自宅観戦したことも、いまとなってはいい思い出である。

今年もこの直前プレビュー号で特集を組んだ。紙面を通じてこの一戦を盛り上げ、試合を楽しんでもらう一助となるのが本来の役割なのだろうが、正直に言えば、紙面を作りながら自分たちも楽しんでいる。巻頭特集のテーマをどうするか、インタビューをするなら浦和加入1年目ながら大活躍を見せている那須大亮（元・柏でもある）、柏は決勝進出の立役者となった田中順也で決まりだろう、などと紙面構成を練った。原稿が届き始める中、両担当記者の魂を感じつつ、他クラブの選手・監督によるスコア予想ではかつて浦和や柏に在籍した選手たちの"古巣愛"にホッコリし、読者アンケートに寄せられた両サポーターの熱に圧倒されながら校了のときを迎えようとしているが、クライマックスはこれからだ。（編集長・寺嶋 朋也）

この年、ナビスコカップ決勝まで駒を進めた浦和。
決勝の相手は勝負師・ネルシーニョ監督率いる柏で、結果は0-1の敗北に終わった

<2013公式戦戦績>

日付	カテゴリー	節	H/A	対戦相手	スコア	得点者
2月26日	ACL	1	A	広州恒大	0●3	
3月 2日	J1	1	A	広島	2○1	柏木、原口
3月 9日	J1	2	H	名古屋	1○0	宇賀神
3月12日	ACL	2	H	ムアントン・ユナイテッド	4○1	柏木、関口、原口、OG
3月16日	J1	3	A	大分	2△2	原口、阿部
3月30日	J1	4	A	新潟	2○0	槙野、リシャルデス
4月 3日	ACL	3	H	全北現代	1●3	原口
4月 6日	J1	5	H	磐田	2○1	森脇、原口
4月 9日	ACL	4	A	全北現代	2△2	那須、梅崎
4月14日	J1	6	H	湘南	2○0	興梠、柏木
4月20日	J1	7	A	大宮	0●1	
4月24日	ACL	5	H	広州恒大	3○2	興梠、阿部、リシャルデス
4月27日	J1	8	H	清水	0●1	
5月 1日	ACL	6	A	ムアントン・ユナイテッド	1○0	那須
5月 6日	J1	10	A	C大阪	2△2	原口、那須
5月11日	J1	11	H	鹿島	3○1	那須、興梠、梅崎
5月18日	J1	12	H	鳥栖	6○2	阿部、槙野、興梠、原口、那須、矢島
5月26日	J1	13	A	柏	6○2	原口、柏木2、リシャルデス2、森脇
5月29日	J1	9	H	仙台	1△1	阿部
6月23日	ナビスコ	準々決勝第1戦	A	C大阪	2○0	興梠2
6月30日	ナビスコ	準々決勝第2戦	H	C大阪	1△1	梅崎
7月 6日	J1	14	A	甲府	1○0	那須
7月10日	J1	15	H	FC東京	2△2	興梠、原口
7月13日	J1	16	A	川崎F	0●4	
7月17日	J1	17	H	横浜FM	2●3	那須、槙野
7月31日	J1	18	A	磐田	2○1	リシャルデス、森脇
8月 3日	J1	19	H	広島	3○1	興梠2、原口
8月10日	J1	20	A	名古屋	0●2	
8月17日	J1	21	H	大分	4○3	興梠、リシャルデス、阿部、那須
8月24日	J1	22	A	清水	2○0	柏木、興梠
8月28日	J1	23	A	横浜FM	0●3	
8月31日	J1	24	H	新潟	1○0	興梠
9月 7日	ナビスコ	準決勝第1戦	A	川崎F	2●3	興梠2
9月11日	天皇杯	2回戦		栃木ウーヴァFC	2○1	小島、リシャルデス
9月14日	J1	25	A	FC東京	2●3	槙野、那須
9月21日	J1	26	H	甲府	1△1	阿部
9月28日	J1	27	A	湘南	2△2	槙野、柏木
10月 5日	J1	28	H	大宮	4○0	阿部、原口、興梠、関口
10月12日	ナビスコ	準決勝第2戦	H	川崎F	1○0	興梠
10月16日	天皇杯	3回戦		山形	2●3	阪野、邦本
10月19日	J1	29	A	鹿島	2○1	那須、原口
10月27日	J1	30	H	柏	2○1	柏木2
11月 2日	ナビスコ	決勝		柏	0●1	
11月10日	J1	31	A	仙台	3△3	梅崎、興梠2
11月23日	J1	32	H	川崎F	1●3	槙野
11月30日	J1	33	A	鳥栖	1●4	那須
12月 7日	J1	34	H	C大阪	2●5	原口、興梠

第４章 失速

２０１４シーズン

＜2014移籍情報＞

IN

Pos.	名前	前所属
GK	西川 周作	広島
GK	岩舘 直	水戸／期限付き移籍
DF	濱田 水輝	新潟／期限付き移籍から復帰
MF	青木 拓矢	大宮
MF	関根 貴大	浦和ユース
FW	李 忠成	サウサンプトン（イングランド）

OUT

Pos.	名前	移籍先
GK	大谷 幸輝	➡北九州／期限付き移籍
GK	山岸 範宏	➡山形／期限付き移籍
DF	永田 拓也	➡横浜FC
DF	野田 紘史	➡長崎
DF	山田 暢久	引退
DF	高橋 峻希	➡神戸
MF	小島 秀仁	➡徳島／期限付き移籍
MF	野崎 雅也	➡福岡／期限付き移籍
FW	原口 元気	➡ヘルタ・ベルリン

※「／完全移籍」…そのシーズンから期限付き➡完全に切り替え
※期限付き移籍の延長は含んでいない

背番号変更とレジェンドの引退

ミシャ体制の3年目。この2年でチームの熟成度は高まって来ていた。W杯イヤーでもあったこの２０１４シーズン、クラブとしても、また選手たち自身も一つの勝負所と踏んでいたのだろう。

その象徴の一つが、ユース出身で浦和の新時代を担うべき二人、山田直輝と原口元気の背番号の変更だ。山田直が36番から6番、原口が24番から9番へ背番号を変えた。この6と9は浦和にとっては〝レジェンド〟の番号だ。6番は２０１３年まで在籍した浦和一筋20年、リーグ戦５４０試合を含む７００試合以上の公式戦出場を数えた山田暢久が11年間つけていた背番号。一方で9番は浦和最初のレジェンドとも言える福田正博がつけていた番号であり、以降は永井雄一郎、エジミウソンしかつけておらず、２０１２年、２０１３年は空き番号となっていた浦和の象徴とも言える番号だ。

特に山田直は強い意思と決意を持って6番を自ら志願した。

「僕も小学生の頃から浦和のファンで、ヤマさん（山田暢）をずっと見てきた。だから、この番号の重さや、この番号に対するレッズのサポーターの気持ちは十分理解しているつもり。自分自身も年齢的に中堅になってくるので、結果を求める1年にしていきたいと思い、この背番号をもらう覚悟を決めた」

山田直にとって2014年は心機一転、勝負の年だった。2012年のシーズン序盤、3月20日のナビスコカップ、ベガルタ仙台戦で左ひざ前十字靭帯を損傷。2013年は復帰したが、リーグ戦の出場はすべて途中出場の4試合に限られていた。それだけにプロ入り6年目となる、この年での完全復活に意欲を燃やしていた。

一方で原口は「やることは一緒。僕は僕だし、やれることをやる」とフラットな感覚だった。それもそのはず。実は原口は、前年から11番を希望していたのだ。尊敬する先輩、田中達也がつけていた背番号である。しかし、クラブは「お前には、9番をつけさせたい」と11番を却下。新加入の関口訓充が11番をつけたことに関して「なんでそうなるかなあ」と冗談まじりで肩を落としたこともあったが、クラブの意図を汲んで9番をつけることを決めた。

それでも「９番をつけるということはそれぐらい覚悟があるということ。９番が似合うなと思ってもらえるような自分のプレーをしたい」と話す原口からは、ちょっとだけ大人の雰囲気が出ていた。

そして、チームが宮崎キャンプを行っていた24日、山田暢の現役引退が発表された。すでに前年限りで浦和を退団することになり、その時点では去就を決めていなかった山田暢だが、「１月に入ってから」スパイクを脱ぐ決断を下した。29日に記者会見を開くと、冒頭に「本日はお忙しい中、会見にお集まりいただき、誠にありがとうございます」と挨拶した。記者会見としては、なんの変哲もないごく普通の挨拶である。だが、普段は誰に対してもフランクで、話を聞こうとすれば「なに？　なにもないよ。俺はいいでしょ」なんて言葉が一言目のお決まりという彼のイメージとはあまりに異なる挨拶でもあった。

もう現役選手ではない。そんな印象を強烈に感じた一言目だった。山田暢は鳥取でＧＭを務めるかつての盟友、岡野雅行から「冗談かもしれないけど『来てくれ』と言われた」ことを明かし、「そこは丁重にお断りさせていただきました」と報道陣を笑わせたが、同時に「自分の中では第一にどこのクラブでも良いので現役を続行したいという気持ちはあった。自分が納得した形であれば、本当は現役を続けたかった」と本音も明かした。

考え方は人それぞれだろう。ただ、浦和に20年も在籍して数々の栄光を築き上げたレジェンドである彼にはクラブからのいわゆるゼロ円提示ではなく、自らの決断で引退してほしかった。

「そういった感じのクラブがなかったので、それなら退こう」なんて思ってほしくなかった。そう思ったファン・サポーターは多かったはずだ。筆者もその一人である。

狙う守護神はただ一人

ミシャレッズが〝勝負の3年目〟を迎えるに当たり、補強ポイントは明白だった。それはGK。ミシャが就任した2012年から正GKは加藤順大が務めていたが、2013年の第25節のFC東京戦でFKから3失点を喫して2-3で敗れると、指揮官はGKの変更を決断。第26節のヴァンフォーレ甲府戦で、リーグ戦では２０１１年の第8節・アルビレックス新潟戦から約2年4か月、先発から遠ざかっていたベテランの山岸範宏をレギュラーに据えてシーズンの最後まで戦った。加藤、山岸ともに決して力のないＧＫではない。ただ、加藤は足元の技術に長けている一方で、高さとメンタルに弱さがあった。山岸はシュートストップやメンタルでは加藤を上回る一方、足元の技術に難があり、ＧＫもビルドアップにかかわるミシャのサッカーに適合しているとは言い難かった。

このポジションに絶対的な存在を置くべく、ミシャとクラブは動く。狙うはただ一人、西川周作だった。大分トリニータユース出身で大分、サンフレッチェ広島でプレーし、U－18世代から年代別代表にも選出され、２００５年にオランダで開催されたワールドユース、翌２００６年の北京五輪でレギュラーを務め、２００９年のアジアカップ最終予選、香港戦でA代表デビューを果たしている。

そしてなにより西川は２０１０年から2年間、ミシャの下でプレーした。勝手知ったる仲であり、ミシャの信頼は厚かった。

広島残留か、浦和移籍か。熟考の末、西川は浦和で、ミシャの下で戦うことを決断。

その理由の一つが「ミシャの熱意が伝わった」ことだった。

ミシャは浦和が守備に問題を抱えていること、失点数を減らしたいこと、そのためには西川が必要であると熱心に伝え、口説いた。それだけミシャは西川を必要としていたのだ。西川には、恩もあった。大分ユース時代はＧＫながら直接ＦＫでゴールを狙うなど、若いころから足元の技術とキック精度には定評があった西川だが、技術的にうまくなったのは「大分の時も足元の練習もしていたけど、やっぱりパスサッカーになった広島、ミシャが監督だった広島に行ってから」だと言う。

「最初はＧＫからつなぐという意識はあまりなかったので、戸惑いもあったしミスもあったけど、それを乗り越えて余裕が出たというか、自分のプレーに自信を持てるようになった。広島に行ってから自分のプレーの幅が広がった」

また、このオフには西川の他に同じさいたま市に本拠地を置くライバルの大宮アルディージャから〝禁断の移籍〟で加入した青木拓矢、新潟への期限付き移籍から復帰した濱田水輝、ユースから昇格し、〝浦和ユース最高傑作〟という評判もあった関根貴大が加入している。さらにチームの始動日となった1月15日の翌日、16日には２００９年途中から２０１０年いっぱいまで広島でプレーし、２０１３年をもってイングランドのサウサンプトンとの契約が切れたＦＷ李忠成の加入も発表された。

守備の強化に乗り出したプレシーズン

開幕への準備を進めた指宿キャンプは、２月６日から16日までの11日間でジュビロ磐田、ＦＣソウル、Ｖ・ファーレン長崎と練習試合を行い、ほぼメンバーを固定して戦った。２０１３年のメンバーを軸にＧＫに西川が入り、リベロを那須と永田、右サイドを平川と梅崎が務める。

誤算だったのは、新加入の青木が度重なる負傷に苦しめられたことだ。１次キャンプ中に足首を負傷、さらに2次キャンプでも接触プレーにより左臀損傷を負ってしまった。予期せぬアクシデントを受けて、前線の選手が多いこともあり、柏木がボランチでプレーする機会が増えていた。

メンバーが前年から大幅に変わることはなかったが、意識の変化は大きかった。ミシャは指宿キャンプで求めたこと、意識づけしたことを問われるとまず「失点を減らしていこうということで、守備の意識づけはキャンプを通じてやってきた」とした。

広島時代と浦和でのミシャの印象の違いについて問われた西川が「広島の時よりも守備のことを言っている」と話していたが、練習でも意識づけでも、とにかく攻撃についての指導が多かったミシャが、指宿キャンプでは過去2年と比べて明らかに守備練習の回数を増やしていた。そしてキャンプ最後の長崎戦後に、こう語った。

「今日の1試合目（控え組）は非常に良いゲームだったが2失点して、2試合目（主力組）は内容的には退屈なゲームだったが、1－0で勝利した。どちらが良いかだ。1試合目は非常に攻撃的なサッカーができたが、その中で安い2失点を喫してしまった。もちろん安い失点は減らしていかないといけない。相手に点をやらないというところで今後も守備についてはチームとして課題を持ってやっていきたい。ただ、守備のことだけに気を取られてもダメだ。引き続き攻撃的なサッカーをやりながらいかに失点を減らしていくかにトライしていきたい。残り2週間もチームとしていかに守るか、あるいはチームとしていかに得点していくかの精度を高めていきたい」

攻撃についても言及したことはミシャらしかったが、昨季の反省を踏まえてミシャがいかに守備のこと、失点を減らすことを考えていたかは理解できた。

キャンプで取り組んだ守備の形は、DFとMFで［5－4］のブロックを作ること。左右のウイングバックが最終ラインに入って5バックを作る形はこれまで通りであり、いったんリトリート（撤退）するのは2012年にも採っていた形だが、当時は人数が足りていながらもボールホルダーにプレッシャーに行けないことが目立った。また、2013年はまず前線がボールを奪いに行き、ある程度ボールを運ばれたときに引く形を採っていたが、前線の守備は基本的に『行けるときは行く』という形でバランスを崩すことも多く、また引いた後も2012年と同じ課題が残ったままで失点を重ねた。

それを解消すべく、一旦ブロックを作ってからのボールの追い方を確認し、さらに5バックのスライドの仕方などを選手たちに植えつけた。すると、その確認を行う前のFCソウル戦は前年までと同じような守備だったが、長崎戦ではサイドにボールが出た際には逆サイドが絞って中央に入る、またはDFが積極的に相手を追ってプレッシャーを掛ける姿も見られた。

原口もキャンプでの手ごたえについて真っ先に「守備の部分」を挙げ、「どう守備をしていこうという方向性を決められたのが一番良かった」と好感触を口にした。「俺たち前の選手からすると、取りに行きたいという気持ちもある。でも前から中途半端に行って取れないよりは、しっかりまとまって行くことによって取れる回数も増えると思う」と、前年までとの違いを、確かに感じていた。

Jリーグ開幕に向けた2月最終週も、週最初のボールを使うトレーニングとなった26日にはまず守備の確認作業を行い、攻撃の確認、11対11のゲーム、そしてセットプレーの確認を行った。

また、この日のトレーニングで印象的だったのは控え組の充実度だ。ゲームでレギュラー組にも劣らないプレーを見せていたうえ、戦術確認の際にはベテランの平川を中心に積極的にレギュラー組にアドバイスを送る。控え組を含めた〝チーム〟として新シーズンに臨む気概を感じさせた。

２０１４シーズンの開幕戦はアウェイでのガンバ大阪戦。Ｇ大阪は２０１２年にＪ２へ降格したものの、２０１３年は圧倒的な強さを見せてＪ２優勝に輝き、Ｊ１に戻って来ていた。バイエルン・ミュンヘンでもプレーしたＦＷ宇佐美貴史が復帰するなど、昇格組でありながらＪ１で上位を狙える戦力をそろえており、決して油断ができる相手ではなかった。２年前には埼玉スタジアムで０－５の完敗を喫した相手でもある。だが浦和が目指すのはもちろん、勝利。さらに前年までとは違う姿を見せたかった。

「やれる準備は全部やってきた」と、原口は堂々胸を張った。

先発はＧＫに西川、最終ラインは森脇、那須、槙野と前年と変わらぬメンバー。ボランチには阿部と柏木が入り、両ウイングバックは、右に平川、左に宇賀神。柏木がボランチに下がったことで空く格好になったシャドーには梅崎と原口が入り、１トップは不動の興梠となった。

結果は最少得点差の１－０。柏木は「去年はなかなかなかったスコア」と話したが、実際に2013年はリーグ戦34試合、17勝のうちで3度しかなかったスコアだった。

キャンプから取り組んできた［5－4］の守備ブロックは開幕戦から機能した。ゴール前を固めるものではなくスペースを消しながらペナルティーエリアの外でしっかりとプレッシャーを掛けてG大阪の攻撃を封じ込んだ。ボールの動きとともにスライドする守備はまだまだ遅れることもあったが、意図は十分に感じさせた。

「この試合は非常に大事な位置づけだったので、何としても無失点で勝つことだけをイメージしながら試合に入った」と西川が言えば、槙野はより具体的に「今年は我慢しながら、悪い内容でもしっかり勝ち切る大人のサッカーに少しずつ変わりつつあるのかなというイメージ。前に行くところ、点を取りに行くところは変わらないけど、奪われた瞬間に［5－4－1］のブロックを作って中を固めることも一つの策だと思うし、昨年までの戦い方とは少し違うなというイメージは選手自身も持ってやっている」と、昨季からの変化について説明した。槙野の言葉に出てきた『我慢』という単語。これは柏木と阿部も同様に用いていた。阿部に至っては10分弱の話の中で5度もその単語を用いている。この言葉は２０１４年の浦和レッズのキーワードとなる。

一方で得点はセットプレーの1点のみ。

「選手たちが慎重に試合を進めた感はあった」とミシャが言ったように、1点をリードした状態で積極的な攻撃は陰を潜めた。トレーニングの段階から相手のSBの裏を狙うことは意識していたが、本来であれば中央をこじ開けることが浦和の攻撃の最初の狙いだ。早い段階でサイドに散らす攻撃に終始し、「つなぐシーンが少なくなってしまった」（柏木）。ミシャはそのことについて選手の気持ちを次のように代弁した。

「昨シーズン、56失点したというのは選手たちにとって非常に痛い記憶として頭に入っていると思うし、プレッシャーに感じていたと思う」

しかし、彼は根っからの守備人間ではなく、ロースコアの勝利に満足できる監督でもない。

「相手があれだけ前に来るのであれば、後ろのスペースはもっと有効に使っていかなければいけない」と攻撃に対する指摘も忘れなかった。

Jリーグ史上初の無観客試合

2年連続で開幕戦を制し、迎えたホーム開幕戦の対戦相手はサガン鳥栖だった。結果として0－1で敗れることになるのだが、この試合は浦和にとって一つの敗戦以上の痛みを覚えた一戦となった。

『JAPANESE ONLY』

浦和のサポーターが集う北ゴール裏の209番ゲートに、ピッチとは反対側に向けられて、その横断幕は掲げられた。

『日本人以外お断り』を意味するこの横断幕は、人種差別である。そうした意図を含む横断幕は掲示した本人との合意のうえで撤去することになっていたにもかかわらず、試合後まで掲げられていたこと、そして主にインターネット、SNS等で話題になっていたこともあり、一気に大きな問題となった。そして試合から5日後の3月13日、村井満Jリーグチェアマンが浦和の次のホームゲーム、第4節の清水戦を無観客試合とすることを発表した。勝ち点の剥奪や降格といった処分こそ逃れたものの、Ｊリーグ史上初めてとなる極めて厳しい処分だ。

山田暢の退団によりこの年からチーム最年長となっていた山岸はこの処分について「コメントするのは難しい」と前置きをしてから、慎重に言葉を選びながら、次のように続けた。

「率直な気持ちとしては僕ら選手としてはできることを続けていくしかない。裁定に関しては僕らが重い、軽いと言っても何も始まらない。ただ、選手としては非常に残念な気持ち。終わったことや裁定が出たことについてはどうにもならないし、幸せな埼スタを取り戻すために、日々積み重ねていくしかない」

Ｊリーグがマスメディアに扱われる機会が少なくなって久しいが、このニュースはスポーツの枠を飛び越え、一般報道としても扱われるほどの大きな出来事だった。浦和に暗い影が落とされた。いや、落としたのはサポーターも含めた〝レッズファミリー〟自身であった。

アウェイで行われた第３節のサンフレッチェ広島戦は、Ｊリーグの処分を待たずしてすべての横断幕、ゲートフラッグ、旗類、装飾幕等の掲出の禁止を決定したため、ゴール裏はそれまでと比べて随分と殺風景だった。それでも、多くのサポーターたちはチームをサポートし続けた。

「(横断幕がないことで)もちろん違和感はあったけど、十分に気持ちは伝わってきたし、そういう期待に応えたいという気持ちにさせてもらった。変わらずサポートしてくれた」

そう話したのはこの試合2点目、そして『浦和の9番』として初ゴールを決めた原口だった。

「何も変わらないですよね」

原口は試合後にもかかわらず、とても柔和で穏やかな表情でそう話した。純粋、あるいは愚直であるがゆえに時に感情をむき出しにして問題も起こしてきた原口が、である。横断幕があろうがなかろうが、サポートしてくれることに変わりはない。自分はそれに全力で応える。それが原口の気持ちだった。

その後、連戦ながらもほぼベストメンバーで臨みながら1-2で敗れたナビスコカップ初戦、アウェイでの柏レイソル戦を挟み、いよいよ清水エスパルス戦を迎える。

清水戦当日、埼玉高速鉄道には赤いユニフォームを着た人が誰もおらず、普段ならサポーターで賑わう浦和美園駅前は閑散としており、「本日の埼玉スタジアムは入場禁止です」と書いたボードを持つ警備員がなおさら目立っていた。

試合に先立ち、浦和のベンチ入りメンバー18人が『ＳＰＯＲＴＳ ＦＯＲ ＰＥＡＣＥ！』のＴシャツを着てピッチに並んだ。『ＳＰＯＲＴＳ ＦＯＲ ＰＥＡＣＥ！』とは『誇りあふれるスタジアムを！』というコンセプトのもと、国連関連機関『国連の友アジアーパシフィック（ＦＯＵＮＡＰ）』と連携し、『闘いとルール』のあるスポーツを通じて喜びや寛容の精神、平和の理念を追求するプロジェクト。その中で浦和が定めた重点禁止6項目には当然、差別的発言も入っている。そしてキャプテンである阿部が「人種、肌の色、性別、言語、宗教、または出自などに関する差別的、あるいは侮辱的な発言または行為を認めないことを宣言します」と差別撲滅を訴えた。

試合開始直前にはメンバー紹介もなく、選手入場曲である『Ｆｉｒｓｔ Ｉｍｐｒｅｓｓｉｏｎ』も流れない。その違和感は宇賀神が「普段は入場で階段を上がっていく時に自然とスイッチが入るというか、『よし、やるぞ！』という気持ちをわざわざ入れなくても勝手に入っていく。それが今までは分からなかったけど、逆にこういう試合をやって、改めてそう強く感じた」と言ったように、誰よりも選手たちが感じていたことだろう。そしてまるで練習試合のような雰囲気で試合開始のホイッスルが普段の数倍もの伝達力で鳴り響いた。

槙野は前半の45分間を「エンジンがかからない中でのもったいない時間だった」と表現した。清水が強固なブロックを築いたうえに、スライドが速い守備を見せていたのは確かだが、ボールを保持しながらも清水の守備を上回る運動量や速い展開を見せることができなかった。そして19分と比較的速い時間帯に、ファーサイドで相手を完全にフリーにしてしまう悪い癖が出て失点を喫する。後半開始と同時にミシャが平川と梅崎に代えて永田とこの試合がリーグ戦デビューとなったルーキーの関根を投入。2枚替えという大胆な策に出た。

さらに64分に宇賀神に代えて李を投入すると、原口を左サイドに配置する異例の采配。これがハマった。原口が左サイドから中央へどんどん仕掛けていき、清水の守備を混乱させる。そして76分、関根の右サイドのクロスから原口がゴールを決めて同点に追いつく。

その後もチャンスを作り続けたが、逆転には至らず1－1で試合は終了。チャンスの数から見れば浦和が勝利を逃したという表現が妥当かもしれない。ただ、関根がリーグ戦初出場で得点に絡む活躍を見せたこと、そして何よりチームが『新たなスタート』として臨んだ試合で勝ち点1を得たことは上々の再スタートと言うことができた。「良いプレーに対しての拍手だったり、声援だったりに、僕たちは勇気づけられる。それがないというのは非常に難しいし、それがあることでいつも以上のプレーができる。それはサポーターのみなさんが生み出すものだと思っているし、改めてサポーターのみなさんがあっての選手だと思う。何よりも次の試合が楽しみ」と槙野は試合後に話していた。選手たちは実際に体験したことで無観客試合がいかに重い処分だったか、そしてサポーターの声援がいかに重要であるかを再認識した。

その後、6試合は4勝2敗。序盤10試合を終えて首位の鹿島アントラーズと勝ち点差2の4位につけていた。黒星は3つとむしろ昨年よりも多かったが、広島で2連覇を経験した西川が優勝へ向けて重要なこととしていた『連敗しないこと』は、開幕10試合で実現できていた。

第11節でホームに迎えたのはFC東京。浦和は槙野が左太もも裏の肉離れによって戦列を離れて3試合目。第8節の柏戦では濱田を左CBに起用したが、第9節の横浜F・マリノス戦では永田を左CBに入れ、攻撃時には永田ではなく阿部が左サイドに開く形を取った。その戦い方で勝利したこともあってか、続くFC東京戦も同じ形で臨む。そしてその阿部が獅子奮迅の活躍を見せた。守備時はボランチでありながら攻撃時には左SBの役割をこなす。可変システムであるミシャサッカーにおいてもこれほどまでに複雑な動き、働きを求められることは、ほとんどない。

それでも、何よりもチームの勝利のために考え、常に献身的にプレーする阿部は、「ポジションが変わるのは僕だけでいいし、他の選手は変わらないから、それでチームがやりやすくなればいい」と、それが当たり前と言わんばかりだった。そしてその働きを象徴するかのようにセットプレーから決勝点をマーク。

「チームが勝つために大事なことであるならばやっていきたいし、チームの勝利しか目指していない。それがモチベーションだから」

常日頃から、そんな言葉を口にしている阿部が、文句のつけようのないプレーぶりでチームを勝利に導いた。

もちろん、奮闘したのは阿部だけではない。耐えるような展開ながら、前線からプレッシャーを掛けると同時に最終ラインをコンパクトに保ち、チーム全体でＦＣ東京の攻撃を深入りさせずに跳ね返し続けた。また、チーム全員が守から攻への切り替えを速くしてチャンスをうかがった。

キャプテンがプレーで引っ張り、チーム全体で勝利をつかむ。決して美しい試合ではなかったが、昨季までには見られなかったバランスと安定感、我慢強さを手にしたことを印象づけた。

そして首位の鹿島が柏に敗れ、神戸と広島の３位・２位対決が引き分けに終わったことにより、ミシャ体制３年目にして初であり、２０１０年４月以来、４年ぶりとなる首位浮上を果たした。

クラブ生え抜きの原口、欧州へ旅立つ

続く第12節のヴァンフォーレ甲府戦は1－1の引き分けに終わり、一度は首位を明け渡したが、ダービーとなる大宮アルディージャ戦、ブラジルW杯前の最後の試合ということで54，350人の観衆を集めたセレッソ大阪戦で連勝すると、再び首位に返り咲いて中断期間に入った。

C大阪戦に勝利した8日後の5月25日、大きなニュースが世間を賑わした。

原口元気、ヘルタ・ベルリンへ完全移籍。

翌26日、原口は報道陣の取材に応じてヘルタ・ベルリンへの移籍について語った。

「日本一の選手になるという自分の目標を叶えるために、もう一歩成長しないといけないと考えたとき、より厳しい環境に身を置きたいと思って移籍を決断した」

唯一の心残りは、「タイトルをもたらしたいという気持ちは強かったけど、それができなかったこと」だった。

シーズン途中、しかも９番を背負うことになった年ということもあり、「なぜこのタイミングなのか」という声があったことも確かだ。しかし、原口には一つのこだわりがあった。

「タイミングの問題よりも、移籍先のヘルタが良いクラブだということもあるし、ちゃんと違約金を払ってくれる、ちゃんと自分を評価してくれるクラブが来たということが自分の中では大きかった。レッズにお金を残して行くのは一つの目標だった」

浦和に違約金を残すこと。中学時代から育ててくれたクラブに対する恩を目に見える形で残すことだった。２０１１年に契約を延長した際にも海外移籍する際に違約金を残すために３年契約を結んだ。その期限は２０１５年１月まで。違約金を残すにはこのタイミングで移籍するか、さらに浦和と契約を更新して１年以上待たなければならなかった。原口にとっては〝今〟しかなかった。

原口は渡独前最後の試合、ナビスコカップの名古屋グランパス戦に先発出場する。

チームはすでに決勝トーナメント進出を決めていたが、名古屋に5－2で大勝した。原口はゴールこそなかったものの2点目、3点目をアシスト。3点目のアシストは普段はほとんど蹴らないFKで記録したものだった。そして3点目が決まった4分後、山田直との交代でピッチを退いた。

浦和ユースの先輩でもあり盟友でもある山田直と抱擁し、深々と埼スタのピッチに頭を下げ、原口の浦和の選手としてのプレーが終わった。

感情を表に出すタイプだからだろうか、原口は泣き虫だ。なんとなく、涙もろいというよりも、泣き虫という言葉の方が当てはまる。それまでもピッチ上で何度も涙を流してきた。

退団セレモニーで原口が泣かないはずがない。

セレモニーで一人、ピッチを歩いた原口は、すでに泣くのを我慢しているように見えた。そしてユースの後輩である関根から花束を受け取ると、堪えきれなくなった。

「13歳の時に初めて浦和レッズのエンブレムをつけました。めちゃくちゃうれしくて興奮したことを今でも覚えています。あれから10年、本当にたくさんのことがありました。涙が出るほど悔しい時もあったし、涙が出るほどうれしいこともありました」

そう言って、原口は埼スタのファミリーに別れを告げた。

名古屋戦翌日の6月2日、チームが翌日からオフに入るため、原口にとっては大原での最後の全体練習となった。練習後、W杯についての話を聞くため、二人で話す機会があった。前日のセレモニーや大原での最後の練習、ファンサービスについて一通り聞いた後、いざ本番。すると原口は第一声で「W杯には興味ない」とこちらの意図を一切無視する答えをぶつけてきた。原口は話を続けた。

「興味があるのは2018年。原口元気が日本代表のエースになって優勝するから。だから今回のブラジルは2018年にライバルになりそうな選手をチェックする」

原口がドイツへ向けて出発したのは6月27日。ブラジルW杯で日本のグループリーグ最下位での敗退が決まった3日後のことだった。日本の敗退について「非常に悔しかった。僕たちを代表して行った日本代表が勝てなかったことは本当に悔しかったし、さらにそこに行けていない自分に対しても悔しかった」

そして、「今度は引っ張る存在としてW杯で結果を残したいという気持ちが強くなった。日本を引っ張って行ける存在になりたいと思ったし、そういう選手になるために成長していきたい」という決意を口にして日本を離れた。

繰り返された最終盤の失速

リーグ後半戦への準備を進めた中断期間。前半戦とは戦術に変化があった。強烈な個の力を持つ原口を失った攻撃面もポイントの一つだったが、主なテーマは引き続き、守備。前半戦は前述の通り、「5－4」のブロックを作ってコンパクトに守ることがメインだったが、後半戦に向けて前線からプレッシャーを掛けて奪いに行く守備を磨いた。

前線から奪いに行くことで昨季のようにバランスを崩して失点を重ねることも危惧されたが、その都度の判断で行ける選手がボールを奪いに行くのではなく、ボールを失ったらボールに近い選手がプレッシャーを掛けにいき、その動きに伴い、後ろで余らずに前から人を潰していく。前から潰していくことで必然的にラインは高くなり、コンパクトさは保たれる。チーム全体で連動した守備を行うことを徹底した。

リーグ再開初戦の新潟戦の週には練習中に時間を取り、ミシャがボールを失った際の動き方について入念に指示、確認を行っていた。首位で中断を迎えたことで、一つの形は成果として表れたが、それに甘んじることなく、さらに進化を目指すための戦術だった。

中断明けはアルビレックス新潟、徳島ヴォルティスに連勝してスタート。その後は3試合勝利から遠ざかった時期や、天皇杯3回戦での敗退、ナビスコカップ準々決勝での敗退があったが、リーグ戦ではサガン鳥栖に勝ち点と得失点差で並ばれて得点の差で2位になった第18節を除き、首位をキープし続けて終盤戦を迎えた。

第31節の横浜F・マリノス戦は、鈴木が2試合ぶりの先発復帰。その鈴木がまったくと言っていいほどに動けず前半のみで交代になる。単に調子が悪かっただけではなく、重大な理由があったことは、この時はまだ知る由もなかった。

他の選手たちは攻守の切り替えが速く、バイタルエリアで激しくプレッシャーを掛け、セカンドボールも拾うという気迫がこもったプレーを見せて、鈴木の動きをカバーしていた。しかし、25分を過ぎるとペースは横浜FMへ。それでも浦和は我慢を続けた。

そして76分、平川に代わって関根が入ると、このルーキーが大仕事をやってのける。前節・鹿島アントラーズ戦ではこの年2度目の先発出場を果たしたものの思うようにプレーできなかった関根だったが、ピッチに入ったわずか3分後の79分、柏木のパスを右サイドで受けると武器であるドリブルでカットイン。中央に走り込んだ阿部に丁寧なパスを送ると、阿部のミドルシュートをGKが弾いたところにいち早く反応し、前につんのめるほどの勢いでシュート。これが決まった。ゴール裏のサポーターの元へ駆け寄る関根。関根を祝福しに集まる選手たち。日産スタジアムのスタンドの前のトラックにその年一番と言えるほどの歓喜の輪ができていた。

関根は「今日のヒーロー」と声を掛けられると「そうっすね、はい」と無邪気に笑い、「試合後のロッカールームはいつもと違う感じもあったし、大事な試合だったので、みんな素直に嬉しいんじゃないかと思う」と他の選手たちの様子も明かした。

前日に2位のG大阪が引き分けていたことにより、残り3試合で勝ち点差は5ポイントに広がった。次節、ホームでの直接対決で勝利すれば……。悲願の優勝をその手に掴みかけていた。

しかし、魔物は〝ラスト3〟に棲んでいた。

横浜FM戦の翌週はナビスコカップ決勝が行われたため、浦和には2週間の準備期間があった。1週間前まではリラックスした雰囲気でトレーニングが行われていたが、川崎Fとの練習試合を経てG大阪戦の週になると、雰囲気が一変する。オフ明けの11月12日、フィジカルトレーニングながら緊張感があったが、ボールを使ったトレーニングになると普段とは明らかに異なるハイテンション。森脇は「先週と比べてピリっとはしてきている。ゲームに対する熱も帯びてきている」と話したが、それはまるで鞭を入れられた競走馬、森脇がよく例える言葉を借りれば、「ヒラヒラ舞う赤い布を前にして鼻息を荒くしているバッファロー」のようだった。

普段以上にメディアの数も多く、何台ものTVカメラが選手の動きを押さえようとしていたことも、その雰囲気を煽ったのかもしれない。残り3試合で2位・G大阪との勝ち点差は5。無理をして勝ちに行く必要はまったくなく、圧倒的に優位な立場に立っていたが、チームは間違いなく、この直接対決で優勝を決めにいっていた。

G大阪戦は前節の横浜FM戦を前半のみで退いた鈴木がベンチからも外れ、代わって青木が先発メンバーに名を連ねた。FWには横浜FM戦に続いて李が入ったが、負傷から復帰したばかりの興梠も「自分としてはG大阪戦に向けて頑張ってきたし、残り5分とかならアドレナリンも出て痛さも収まると思うし、そういうのでも良いから出たいという気持ちはある」とベンチ入りした。

試合が始まると、その年最高の5万6,758人の観衆を背に、浦和は攻守の切り替えが速く、ラインを高くして全体をコンパクトに保つ戦いを見せる。それは今季の浦和の良さであり、ここまで首位をキープしてきた戦い方そのものだった。

負ければ優勝の可能性が完全に潰え、引き分けでも苦しくなるG大阪も、球際で激しいプレーを見せ、一進一退の攻防が続くが、徐々に浦和が主導権を握っていく。G大阪の強力2トップ、宇佐美とパトリックも守備陣が集中してほぼ完璧と言えるほどに封じた。そして82分、阿部のFKを李がヘディングで落とすと、フリーで走り込んだ宇賀神がシュートを放つ。この試合、最大の決定機――。しかし宇賀神が放ったシュートはコースが甘く、相手GK東口順昭に阻まれた。

すると、その5分後の87分、FKからカウンターを食らうと浦和はほとんど対応できなかった。G大阪は交代した宇佐美貴史に代わって入ったリンスが左サイドを突破し、パトリックに代わって入った佐藤晃大がシュート。これが必死に体を投げ出した阿部、精一杯手を伸ばした西川をすり抜け、ゴール右隅に決まった。

その後、ミシャは3枚目のカードとして興梠を投入。絶対的エースに託したが、実はこのとき、興梠はとてもプレーできる状態ではなかった。むしろこの試合に出たことで症状は悪化。翌シーズンの開幕前まで負傷を引きずることになる。そして同点に追いつくばかりか、後半アディショナルタイムに追加点を許し、0-2で敗れた。

試合後、「0-0でも良かったかなと思う」と話したのは槙野だったが、チームは0-0で終盤に入っても勝ちに行った。ミシャは56分、梅崎に代えてマルシオ、64分に平川に代えて関根と比較的早い時間帯に攻撃的な選手を送り込んだ。1失点目のカウンターにつながるFKも、得点を目指して焦った感もあった。ただ、それは結果論。もし勝利していればミシャの采配は讃えられ、FKでゴールが決まっていればキッカーの柏木は称賛されていたはずである。

何より、敗れてもまだ勝ち点差2をつけた首位。残り2試合で2連勝すれば優勝を決められる状況であり、自力優勝の可能性があることに変わりはなかった。しかし、柏木は「気持ちを切り替えないといけないのはもちろん分かっているし、ずっとネガティブに1週間を過ごすつもりもない」としながらも「今日、明日ぐらいはちょっと落ち込ませてもらって、オフでしっかり切り替えて火曜日からの練習にしっかり臨みたい」と早々に気持ちを切り替えられるものではないとした。宇賀神も「今日の試合で勝てなかったことで落ち込むだけ落ち込んで、もう一度、高いジャンプをするためにはしゃがまないといけないと思うので、今日はしっかりヘコみたいと思う」と話した。嘘でも「切り替える」とだけ言うことはできないほど、選手たちにとってショッキングな敗戦だった。

あとから思えば、このとき、すでに浦和のシーズンは事実上、終わっていたのかもしれない。それだけG大阪との直接対決には強い気持ちで臨んでいた。そこにすべてを懸けていた。

続く第33節は12年以降、2連敗しているアウェイでの鳥栖戦。昨年、同じく第33節で鳥栖に敗れて優勝の可能性が完全に潰えた相性の悪い場所だ。

選手たちは精神面の重要性を説き、試合３日前の26日にはあらためて結束と鳥栖戦に向けて気持ちを高めるため、全員で昼食を食べにいった。だが、Ｇ大阪に敗れたこと、勝ち点差が２に詰まったことで、精神的なプレッシャーは確実に強まっていた。

それでも浦和は力強い戦いを見せた。

鳥栖のロングボールに対して那須を中心に体をぶつけながら必死に耐え、中盤でもセカンドボールを拾った。苦しい戦いであることに間違いはなかったが必死に戦い、チャンスを作っていく。

そして後半に入り、67分、選手交代によって右サイドに回った宇賀神が最終ラインの裏にロングボールを送ると、李が抜け出してファウルを誘い、ＰＫを獲得。想像を絶するプレッシャーが掛かるこのＰＫをキャプテンの阿部がきっちり決めた。

勝利のＰＫ。優勝を手繰り寄せるＰＫ。そう思えた。

しかし、そんなに甘くはなかった。

時計はすでに90分を過ぎて３分を回っていた。鳥栖のＣＫ。ラストプレーでもおかしくなかった。相手ＧＫ林彰洋がゴール前に上がり、浦和の守備陣を惑わせると、ニアサイドで途中出場の小林久晃がヘディングシュート。浦和に関わる人たちにとっては、あまりにも残酷な瞬間だった。

試合後、選手たちは座りこみ、柏木は仰向けに、李はうつ伏せにピッチに倒れた。あと数秒だった。そのＣＫを守れていれば、勝ち点3だった。またしてもアディショナルタイムだった。

原因を挙げればキリがない。先制する前にも先制した後にもあったチャンスを決めていれば、アディショナルタイムの失点は何でもなかった。

終了間際にはコーナーフラッグ付近で時間稼ぎを行おうとしたが、そういうプレーを得意とする興梠を欠いたチームは簡単にボールを失ってしまい、時間稼ぎにならなかった。失点につながったＣＫについても、森脇は簡単にＣＫに逃げ過ぎたし、相手ＧＫが上がってきたことによりマークの確認で混乱した。そして小林をマークした青木の対応はあまりに軽かった。ただ、それはアラ探しの領域を超えない。

勝ち切れなかった。残り数分、いや数秒を守り切れない弱さを露呈した。そして、同勝ち点ながら、首位の座をG大阪に明け渡した。

こぼれ落ちていったタイトル

残すは1試合。G大阪の最終節の相手が最下位の徳島であることを考えれば可能性は低いと言わざるを得なかったが、それでもまだ逆転優勝のチャンスは残されていた。いずれにせよ浦和は勝つことだけを考えなければならなかった。

最終節の名古屋戦に向け、常にポジティブな那須は「(鳥栖戦が)終わった瞬間から切り替わっていたし、可能性がある限り、やったら何か起こるというか、起こったことがあるから」と笑った。

那須が言うのは、横浜FMに在籍していた2003年の2ndステージ最終節のことである。横浜FMは首位の磐田に勝ち点3差をつけられた3位。優勝のためには磐田との直接対決を制し、勝ち点2差の鹿島が引き分け以下に終わることが必要だった。横浜FMは前半を終えて磐田にリードを許し、鹿島は2−0でリードしていた。しかし後半に入ると同点に追いつき、アディショナルタイムのゴールで逆転勝利した。さらに、リードしていた鹿島もアディショナルタイムに失点を喫して、横浜FMに2ndステージ優勝と完全優勝が舞い込んできた。ちなみにこの時、一時は鹿島に0−2とリードされながら、最後の最後に追いついたのは、浦和であった。

結論から言えば、2014年の浦和は当時の横浜FMとはまったく逆、自らの手で優勝をつかむチャンスがありながらも、それを得られなかった。立ち上がり2分にCKから槙野がゴールを決めて先制。前半は名古屋のシュートがクロスバーやポストに三度も直撃。そして前半を終えて、他会場の徳島対G大阪は0−0。浦和に逆転優勝の機運はあった。

しかし後半、前半と比べて優位に進める時間帯もありながら追加点を奪えずにいると、72分にCKから失点。さらに前掛かりになる中、横浜FM戦の途中交代が不整脈の影響であったことを明かしながら、3試合ぶりにベンチに入って86分から出場した鈴木のミスから失点して逆転負け――。

結果として徳島対G大阪はスコアレスドローのまま終わった。

アウェイとはいえ、G大阪が最下位の徳島に勝てないと思った人はほとんどいなかっただろう。その奇跡は起きた。浦和が勝っていれば優勝だった。しかし、チャンスを逃した。優勝を決めるチャンスがありながら、夢は叶わなかった。

この年限りで退団が決まっていた坪井慶介はセレモニーの一言目に「今日は申し訳なかったです。ただチームはこの敗戦を乗り越えて、また強くなってくれると信じています」と涙を流しながら口にした。言い方が正しいかどうかは分からないが、坪井にそう言わせる結果になってしまったということだ。

柏木は「内容が悪かったよね、どう考えても」と言うと、手で何かを持つようなしぐさを見せた。「ここにあったものが1回落ちちゃって」。そして、「最後残り10分ぐらいでまた戻ってきそうだったのに」と言ってから手をパッと離した。自らつかめたはずの〝もの〟を自らの手でこぼした。

終盤1か月だけでも激動だったが、1年を通して様々なことがあった2014シーズンは、最後の最後に絶望という形で幕を下ろした。だが、試合終了後はピッチで「チームとして目標にしていたものに届かなかった悲しさ、悔しさがこみ上げたし、自分が何もできなかった」と感じて号泣した梅崎は、ラスト3の暗転をこう振り返った。

「間違いなく去年より成長していると思うし、去年の修正するポイントはうまくできた部分もある。だけどチームとしてまとまってはいたけど、ちょっと小さくなっていたかなっていうのは特に最後の方は感じた。けどそれは去年の反省を踏まえて、前掛かりになることを抑えたり、みんながまとまって戦ったし、走ったし、切り替えもサボらずやったし、守備もした結果でもある。実際にそういう部分は出ていたと思う。今日の試合も、鳥栖戦も、G大阪戦も、80分ぐらいまでは実際に失点しなかったし、そういう成果は間違いなく出ている。ただ、それプラスアルファで攻撃の部分。ビルドアップの部分、攻撃の部分、もっと勇気を持って前へ進んでいく、仕掛けていくことが必要だった」

そして、すっきりした表情でこう話した。

「変な話だけど、この何週間は良い経験ができた」

西川の加入とチームの守備意識の向上により失点は前年の56からリーグ2位の30まで減少した。1試合平均1．6失点から0．88失点への減少は決して偶然でできることではない。第11節には約4年ぶりとなる首位に立ち、シーズンの大半を首位で過ごした。しかし、２年連続となる終盤の失速。結果論ではあるが、１分２敗で終えた〝ラスト３〟で一つでも勝利していれば優勝できていた。

槙野は終盤の失速の理由についてこう説明した。

「少なからずプレッシャーを感じていた選手はいると思う。週末に向けてのモチベーションと試合に向けてのコンディションは右肩上がりで良いものがあったと思うけど、いざピッチに入ってあれだけの大観衆のなかでプレーしたなかで正直、前半戦のような思い通りの、自分たちが描くサッカーはできていなかった」

また興梠は、何度もタイトルを獲得してきた鹿島と浦和を比較し、「そういう舞台に慣れていないのかもしれない」とした。

そのプレッシャーはそう簡単に慣れるものではない。むしろ優勝を逃せば逃すほど、強くなるものなのかもしれない。だが、乗り越えなければタイトルは手にできない。

２０１３年より強く、忘れられない悔しさ。その経験を持って浦和は２０１５シーズンに臨む。

ELGOLAZO　2014 浦和レッズ 変革の記録❶

2014年2月17日・18日発売　ELGOLAZO／1413号表紙
浦和レッズ・キャンプ総括

EG
the Football Journal
ELGOLAZO

フォルラン、いきなりゴラッソ!
Jジャーナル

本紙販売期間 2/18㊋まで
2/17㊊18㊋日号
毎週 月・水・金 発売
お近くの駅売店、コンビニで発売
エル ゴラッソ
全国版
定価150円(税込)
http://www.golazo.jp/

チカラをひとつに。
-TEAM AS ONE-

奪冠への守備合宿

2014 URAWA REDS
浦和レッズ・キャンプ総括

浦和レッズが鹿児島・指宿でのキャンプを終了。6日から16日の11日間にわたって行われたこの2次キャンプでは、守備の意識付けを例年以上に行ってきたという。昨季リーグ最多得点を記録しながら優勝を逃したチームであり、奪冠への課題は明白だった。ただし、決して"守備重視"にはしない。例えば1次キャンプから何度も試してきた柏木陽介をボランチに配置する布陣は、決して守備に軸足を置いた布陣ではない。むしろ昨季以上に攻撃的とすら言えるだろう。その中で高めるチーム全体の守備意識。勝負の3年目を迎えるミシャ・レッズは、果たしてどんなチームに仕上がるだろうか。

2013年のリーグで最多得点を記録しながら優勝を逃した
浦和の新シーズンに向けた課題は明白だった。見出しは「奪還への守備合宿」

ELGOLAZO 2014 浦和レッズ 変革の記録❷

2014年5月5日・6日発売　ELGOLAZO／1445号表紙
J1第11節・FC東京戦マッチレポート

ELGOLAZO
the Football Journal

本紙販売期限 5/8（木）まで
5/5（月）-8（木）日号
毎週 月・水・金 発売
エル ゴラッソ
定価150円（税込）
http://www.golazo.jp/

J.LEAGUE DIVISION 1
工藤一撃。柏が首位を撃破！
J1第11節マッチレポート

次号 5/9（金）発売
今号は合併号のため、次号は金曜日発行となります

浦和奪首！
復権への通過点。
4年ぶりの首位に立つ

2014.5.3 J.LEAGUE DIVISION 1
MATCH DAY 11
URAWA 1
F.C.TOKYO 0

15日間で5試合（ACL参戦チームはさらに長く厳しい）となった今季のGW連戦。3日のJ1第11節は心身とも正念場とも言える折り返し地点。デーゲームは暑さとの戦いも強いられた中で、"チーム力"の差で勝敗が決する試合が多かったように思う。チーム力といってもさまざまだが、特に"積み上げてきたモノ"の差が印象に残った。

首位に立ったのは浦和だ。2012年にペトロヴィッチ体制となってから一度も首位に立ったことがなかったチームが、勝負どころでようやく結果を出すことができた。試合内容で言えば新進気鋭のマッシモ・トーキョーに軍配が上がるところだったが、確固たる自分たちの形を有するミシャ・レッズは最後まで崩れなかったし、1年の新潟修行を経た濱田水輝を入れての逃げ切りも盤石だった。試合終了間際、体勢を崩しながらも泥臭く相手とボールの間に体を入れていた柏木陽介の姿からは、勝利に対しての淡白さは微塵も感じられなかった。これまでに"悔しさ"を積み重ねながら成長してきたチームの一つの象徴と言えるだろう。

支柱の中村憲剛をメンバーから外して勝ち切った川崎F、"豊田対策"を敷いてきた清水を臨機応変な攻撃で攻略した鳥栖も、"積み上げてきた"チーム。もちろん、鹿島を破った柏もそうだ。助っ人外国籍選手をけがや退団で失う中でもチーム力を上げてきているのは、勝つために一人ひとりが何をすべきかをネルシーニョ体制で積み上げてきているからだろう。昨季ACLで広州恒大の怪物たちを止め切れなかった守備陣の一人、近藤直也が、鹿島のダヴィを完璧に封じる姿も実に頼もしかった。（編集長・寺嶋 朋也）

風間フロンターレ
"憲剛抜き"で勝利

トリコロール軍団
トンネルを抜け出す

2014シーズン
エル・ゴラッソがお届けする
2つの名鑑
好評発売中

第11節のFC東京戦、浦和は我慢強く戦いながら、
セットプレーから阿部が決勝点を奪って1-0で勝利。これで4年ぶりにリーグ戦首位に

2014年7月21日・22日発売　ELGOLAZO／1474号表紙
J1第15節・新潟戦マッチレポート

ELGOLAZO
the Football Journal

本紙販売期間 7/22(火)まで
7/21(月) 22(火)号
毎週 月・水・金 発売
エル ゴラッソ 全国版
定価160円(税込)
http://www.golazo.jp/

0.60

首位・浦和、鉄壁健在

2014.7.19 J.LEAGUE DIVISION 1
MATCH DAY 15
URAWA 1
NIIGATA 0

J1リーグが約2カ月ぶりに再開した。全9試合のうち勝敗が嘗いた試合が4つ。白星で"好リスタート"を切ったのは、後半戦での巻き返しを期すG大阪、そして浦和、鳥栖、川崎Fの"トップ3"だった。

首位の浦和は、中断前から続く6試合連続の完封を記録。その鉄壁は2カ月のブランクがあっても錆び付いていなかった。15試合を終えて9失点、1試合平均の失点数は驚異の「0.60」。05年に1ステージ制となって以降、最も失点が少なかったのは"カメナチオ"の異名を取った08年の大分で、34試合24失点、1試合平均で「0.71」となっている。なお、そのときの大分で主力GKを務めていたのは現在の浦和の守護神・西川周作だが、負傷によりシーズン終盤は欠場。22試合の出場にとどまっていた。

10年に広島へ移籍し、リーグタイトル獲得などさまざまな経験を積んだ西川は、今季浦和に加入しチームに大いなる安定感をもたらしている。ブラジルW杯では残念ながら出場機会は得られなかったが、"世界"を肌で感じた経験も小さくない。今回のW杯はドイツ代表のノイアーを筆頭にGKの進化と奮闘が一つのトピックとなった。そうした潮流において、J1再開初戦での西川の好パフォーマンスは、あらためて世界に向けて挑戦していく4年間の始まりを強く意識させた。

なお今節で、その西川を上回るほどのパフォーマンスを見せたGKがいた。2位・鳥栖の林彰洋だ。195cmの長身を目一杯使ったセービングで神戸の前に立ちはだかった。この二人の切磋琢磨もリーグ後半戦、そして4年後に向けて、楽しみなポイントの一つである。　（編集長・寺嶋 朋也）

J1第15節 対戦結果

7月19日(土)	浦和	1-0	新潟	埼玉
	清水	0-2	川崎F	アイスタ
	FC東京	1-1	鹿島	味スタ
	大宮	3-3	広島	NACK
	柏	0-0	仙台	柏
	名古屋	1-1	徳島	豊田ス
	G大阪	2-0	甲府	万博
	C大阪	2-2	横浜FM	ヤンマー
	神戸	0-1	鳥栖	ノエスタ

小さな巨人・佐藤寿人、憧れのカズを超えて

大宮新戦力・ムルジャ、圧巻のJデビュー

J.LEAGUE DIVISION 1 STANDINGS

1	2	3	4	5	6	7	8	9	10	11	12	13	14	15	16	17	18
URAWA							NIIGATA	YOKOHAMA FM									
32	31	27	25	24	24	23	22	21	19	19	18	18	17	17	16	14	5

ブラジルW杯後、中断期間が明けてリーグ戦が再開。
浦和は新潟との一戦で1-0の完封勝利を収めた。
浦和は15試合を終えたこの時点で1試合平均の失点数は驚異の0.60だった

＜2014公式戦戦績＞

日付	カテゴリー	節	H/A	対戦相手	スコア	得点者
3月 1日	J1	1	A	G 大阪	1○0	槙野
3月 8日	J1	2	H	鳥栖	0●1	
3月15日	J1	3	A	広島	2○0	興梠、原口
3月19日	ナビスコ	1	A	柏	1●2	梅崎
3月23日	J1	4	H	清水	1△1	原口
3月29日	J1	5	A	神戸	1●3	梅崎
4月 2日	ナビスコ	2	H	大宮	2○1	李、青木
4月 6日	J1	6	H	仙台	4○0	李2、宇賀神、鈴木
4月12日	J1	7	A	名古屋	2○1	原口、興梠
4月16日	ナビスコ	3	H	徳島	4○3	阪野、矢島、OG、濱田
4月19日	J1	8	H	川崎 F	1○0	宇賀神
4月26日	J1	9	A	柏	2●3	原口、阿部
4月29日	J1	10	H	横浜 FM	1○0	李
5月 3日	J1	11	H	FC 東京	1○0	阿部
5月 6日	J1	12	A	甲府	0△0	
5月10日	J1	13	A	大宮	2○0	興梠、柏木
5月17日	J1	14	H	C 大阪	1○0	関根
5月24日	ナビスコ	5	A	新潟	1○0	OG
5月28日	ナビスコ	6	A	甲府	2○1	那須、梅崎
6月 1日	ナビスコ	7	H	名古屋	5○2	柏木、李2、槙野、関口
7月12日	天皇杯	2回戦		浦安 SC	8○2	阿部、興梠2、宇賀神、梅崎、森脇、鈴木、関根
7月19日	J1	15	H	新潟	1○0	OG
7月23日	J1	16	A	徳島	2○0	槙野、興梠
7月27日	J1	17	H	鹿島	1△1	興梠
8月 2日	J1	18	H	神戸	2△2	興梠、那須
8月 9日	J1	19	A	川崎 F	1●2	梅崎
8月16日	J1	20	H	広島	1○0	阿部
8月20日	天皇杯	3回戦		群馬	1●2	李
8月23日	J1	21	A	FC 東京	4△4	梅崎、興梠、平川、李
8月30日	J1	22	H	大宮	4○0	梅崎、興梠、森脇、宇賀神
9月 3日	ナビスコ	準々決勝第1戦	A	広島	0△0	
9月 7日	ナビスコ	準々決勝第2戦	H	広島	2△2	阿部、槙野
9月13日	J1	23	A	清水	4○1	森脇、李、槙野、OG
9月20日	J1	24	H	柏	3○1	那須、柏木、興梠
9月23日	J1	25	A	新潟	2○0	興梠、森脇
9月27日	J1	26	A	C 大阪	0●1	
10月 5日	J1	27	H	徳島	2○1	柏木、那須
10月18日	J1	28	A	仙台	2●4	興梠2
10月22日	J1	29	H	甲府	0△0	
10月26日	J1	30	A	鹿島	1△1	李
11月 3日	J1	31	A	横浜 FM	1○0	関根
11月22日	J1	32	H	G 大阪	0●2	
11月29日	J1	33	A	鳥栖	1△1	阿部
12月 6日	J1	34	H	名古屋	1●2	槙野

第５章 茨道

２０１５シーズン

＜2015移籍情報＞

IN		
Pos.	名前	前所属
GK	大谷 幸輝	北九州／期限付き移籍から復帰
DF	橋本 和	柏
DF	加賀 健一	FC東京
DF	茂木 力也	浦和ユース
DF	岡本 拓也	長崎／期限付き移籍から復帰
MF	斎藤 翔太	浦和ユース
MF	小島 秀仁	徳島／期限付き移籍から復帰
FW	武藤 雄樹	仙台
FW	高木 俊幸	清水
FW	石原 直樹	広島
FW	ズラタン	大宮

OUT		
Pos.	名前	移籍先
GK	加藤 順大	➡大宮
GK	山岸 範宏	➡山形／完全移籍
DF	坪井 慶介	➡湘南
DF	濱田 水輝	➡福岡
MF	関口 訓充	➡C大阪
MF	山田 直輝	➡湘南／期限付き移籍
MF	矢島 慎也	➡岡山／期限付き移籍
MF	マルシオ リシャルデス	
MF	野崎 雅也	➡鳥取
MF	小島 秀仁	➡愛媛
FW	阪野 豊史	➡栃木／期限付き移籍

※「／完全移籍」…そのシーズンから期限付き➡完全に切り替え
※期限付き移籍の延長は含んでいない

幕開けはブーイングとともに

３月４日、埼玉スタジアム。

選手たちが頭を垂れながらスタジアムを周った少し後、ＴＶのインタビューを受けていた阿部勇樹が一人、スタジアムを周り、北ゴール裏の前へとたどり着いた。主将にも、容赦のないブーイングが浴びせられた。すると阿部はサポーターに何かを叫び返した。しかし、それでは距離が遠くて伝わらないと思ったのだろう、スタッフの制止を振りきって広告看板を越え、サポーターの目の前で叫び続けた。

「とにかく一つ勝たなきゃダメなんだよ！　一つ勝つために俺たちは全力で戦うから、一緒に戦おう！」

右手の人差し指を立てながら、必死に訴えた。その目には涙を浮かべているようにも見えた。その人差し指が「１勝」を意味していたのか「一つになる」を意味していたのか、あるいはその両方なのかは分からない。だが、サポーターに訴えたかったことは明確だった。

普段は温厚な阿部が、ここまで感情をむき出しにするのは極めて珍しいことだった。

ミシャレッズの4年目は、波乱の船出だった。

このシーズンを迎えるにあたって、これまでの3年間とは大きく異なる点があった。それはチーム編成だ。

ミシャが監督に就任してからの3年間は、少ないながら実績のある選手の獲得を続けてきた。しかし2015年はFC東京から加賀健一、柏レイソルから橋本和、サンフレッチェ広島から石原直樹、ベガルタ仙台から武藤雄樹、大宮アルディージャからズラタン、清水エスパルスから高木俊幸と6人を獲得した。さらにボランチには小島秀仁が徳島ヴォルティスから復帰。大谷幸輝、岡本拓也もそれぞれ期限付き移籍から復帰し、茂木力也と斎藤翔太がユースから昇格。新体制発表会見は11人の選手が並ぶ大所帯となった。

会見の冒頭で山道守彦強化本部長は、その狙いを説明している。

「Jリーグは、新しい制度の2ステージ制が始まる。それと同時にAFCチャンピオンズリーグ（以下、ＡＣＬ）を戦わなければいけない。これについては選手の質とボリュームが重要であると考えている」

リーグ戦はもちろんのこと、ミシャレッズとして２度目の挑戦となるＡＣＬも頂点を目指して戦うために、これまでの〝少数精鋭〟から〝大型補強〟へと形を変えたということだ。

復帰と昇格を含めて11人が加入した一方、前年の時点で退団が決定していた坪井慶介に加えて関口訓充、ＭＦマルシオ・リシャルデスと契約を更新しないこと、加藤順大の大宮アルディージャへの完全移籍と、阪野豊史が栃木ＳＣへ、矢島がファジアーノ岡山へ期限付き移籍することも決まった。さらに期限付き移籍していた野崎雅也とは契約を更新せず、山岸範宏がモンテディオ山形へ完全移籍することも発表された。

そしてもう一人、期限付き移籍という形ではあったが、チームを去った選手がいた。山田直輝だ。浦和ユース出身で日本代表の経験もあり、将来は浦和を背負って立つと考えられているポテンシャルの持ち主である。しかし、度重なる長期離脱もあり、復帰後もミシャの下ではなかなか出番を得られなかった。

２０１４年12月25日、山田直の湘南への期限付き移籍が発表された。湘南を率いるのは現役時代に浦和でもプレーした曺貴裁監督。ミシャと同じ［3－4－2－1］を基本フォーメーションとし、浦和の映像を何度も見て参考にしたと公言している監督であり、山田直が浦和を離れて経験を積むとすれば、またとないチームと言えた。

山田直が浦和でなかなか試合に出られなかった理由をミシャは以前にこう話していた。原口元気の浦和でのラストマッチとなったナビスコカップ・名古屋戦のあとの話だ。その試合で山田直は原口と交代での出場だった。

「彼は3年ほどけがでプレーできない状況が続いた。そこからゲーム勘を取り戻してプレーしていくのは簡単なことではない。われわれは厳しいスケジュールをこなしてきた中で、なかなか練習試合を組むことができなかった。彼に必要なのは試合数をこなすことだ。もちろん彼を公式戦で使っていく選択肢もあるが、われわれは常に勝利を求められるチームだ。その中で、けがで長く試合をしていなかった選手を試しながら、あるいは使いながら調子を戻していくという作業はなかなかできない」。そして「彼は必ず前進して公式戦に絡んでくると信じている。私自身は我慢強く彼を指導していこうと思っている。彼が素晴らしい選手であることは間違いない」と加えた。しかしその後、リーグ戦での山田直の出場は第24節の柏レイソル戦のみ。しかも、5分+アディショナルタイムというわずかな時間だけだった。

ミシャは選手のプレー、出来・不出来について細かく説明することはまずないが、客観的に見る限り、山田直は基本的に動きすぎてしまうのだ。ミシャサッカーは豊富な運動量を必要とするため、動くこと自体は動かないより遥かに良いのだが、攻撃、特に1トップ2シャドーのコンビネーションは基本的にパターンだ。こういうボールが入った時に一人がこう動き、もう一人がこう動き…ということがある程度、決まっている。オートマティックな連動である。だからこそワンタッチであれだけ複雑に見える攻撃を繰り出すことができる。しかし山田直は自分の感覚で動きすぎてしまうため、本来いなければならない場所にいないことも少なくない。それがミシャサッカーの前線にフィットしきれない大きな理由だった。

とはいえ期限付き移籍は決してネガティブなものではない。経験豊富な選手たちがいることで出場機会を得られない若手は、積極的に選手層が薄いチーム、または下のカテゴリーのチームに期限付き移籍して経験を積むべきだ。山田直は2015年で25歳になる。もう若手ではなく、ポテンシャルから言えばA代表にも絡んでいかなければならない存在だ。経験を積み、復活して浦和の中心選手になる。山田直が移籍前に語った「最終的にどこかに行こうとここでやろうと、最後はこのチームでプレーするための最良の道はどういう道なのかを考えて」という言葉には、その意味も込められていたはずだ。

大幅にメンバーを変えたミシャレッズの4年目。チーム編成の大きな変更は、開幕前、特に指宿での2次キャンプでの準備の進め方にも影響した。

練習からメンバーを固定するミシャだが、この年ばかりは新加入選手が多いことにより、例年になく選手を入れ替えながら準備していた。そのことについてミシャは「われわれの戦いで重要になってくるのは1トップ2シャドーの3人」と前置きしながら、「最初の頃は経験のある選手と新しく入ってきた選手、ズラタンであったり武藤であったりトシ（高木）であったり石原であったり、そういう選手と、たとえばチュンソン（李志成）だったり（柏木）陽介だったりウメ（梅崎司）だったり、そういう選手たちを組み合わせることによって新しい選手たちが自分たちの戦術を理解しやすいように、あるいはプレーしやすいように取り組んできた」と説明していた。

ただ、選手を入れ替えながら準備するのはそうたやすいことではない。さらに、「ACLに出場する関係でシーズンの開幕が例年より早い」（ミシャ）という状況の中で、時間を要する準備を強いられた。

「あと1週間あったら、もう少し時間を取って自分たちのチーム作りができたんじゃないかと思う。そういう意味では少し急ぎ足で準備を進めなければいけなかった」

そのミシャの悪い予感は的中してしまう。

2015年の浦和の公式戦はACL、アウェイ韓国での水原三星戦でスタートした。11日間で4試合というハードスケジュールをシーズンの開幕から強いられた浦和だったが、初戦の水原三星戦で先制しながら逆転負けを喫すると、続くゼロックス・スーパーカップでもG大阪に0-2で完敗する。

そして3月4日にホーム公式戦初戦のACL第2節・ブリスベン戦を迎えた。力関係で言えば、グループリーグの中で最も劣ると見られていた相手とのホームでの試合。当然、勝利が求められる試合だった。

しかし、開始わずか3分、一度は奪い返したボールを柏木が再び失うと、角度のないところから相手が放ったシュートが西川の手をすり抜けてゴールに突き刺さる。ミシャや選手たちがよく口にするミス絡みの〝安い失点〟だった。その後はボールこそ支配するもののアグレッシブさ、積極性を欠き、チャンスも決められない。浦和の負け試合の象徴のような試合だった。そして試合後には、強烈なブーイングが浴びせられた。

「結果としてチームが負けたのでブーイングはもちろんだと思う」

試合後に、サポーターに向かって団結を訴えた阿部も、サポーターの気持ちを分かっていた。公式戦3連敗という形でのシーズンスタートが、ブーイングに値することを。それでも2007年に浦和に加入し、レスターでプレーした1年半を除く6年半、赤いユニフォームに身を包んできた阿部は、サポーターの力がいかに重要かを理解していた。だからこそ、チームが苦しいときに、罵声を浴びせるのではなく、支えてほしかったのだ。

ミシャレッズの土台が問われているとも言えた。ミシャが監督となり、信頼関係で結ばれたチームの最大のベースは、一つになって戦うことだ。この3年でそれを成熟させてきた。無観客試合も経験した。

「同じ方向に向かって歩いていかないといけない」

サポーターを含めてチームであり、浦和レッズである。それを強く理解している主将の阿部だからこその訴えだった。

もちろん、あの訴えには責任も伴っていた。

「言葉で何を言っても、結局はプレーでしっかり見せること。結果を出すのがこの世界では大事」

公式戦3連敗で迎えたJリーグの開幕戦、湘南ベルマーレ戦はブリスベン戦からわずか3日後に迫っていた。中3日あればある程度、回復できるが、中2日ではつらい。そう選手たちが常々口にしているハードスケジュールである。加えて11日間で4試合という過密日程の最後の試合であり、コンディション的に盤石ではないことは容易に理解できた。

通常の1週間に1試合というスケジュールでは、試合翌日の日曜日にリカバリー、月曜日がオフ、火曜日にフィジカルトレーニングを行い、水、木、金でゲームを中心としたボールを使ったトレーニングを行う。しかし、中2日ということで、ブリスベン戦翌日はもちろんのこと、湘南戦前日もゲーム形式の練習は行われなかった。

ミシャは試合前日の会見で「今日はいつもの試合前日の会見よりも多くの報道陣が来ているが、それは開幕戦だからか、それとも3連敗しているからか。おそらく両方の理由だろう」と口にした。状況については当然、理解していた。

暴風雨の中で行われた試合で、前半、ペースを握ったのは湘南だった。ボールはもちろん選手までも追い風に乗るように前線から激しくプレッシャーを掛け、ボールを奪えば縦に速い攻撃を仕掛ける。特に24分のプレーは圧巻だった。縦パスで中央を切り裂くと、選手たちが猛然と飛び出していき、最終的には6人もの選手がペナルティーエリアに侵入した。最後はFW大槻周平がゴール前でフリーになってシュート。ここは槙野が体を張ってブロックし、浦和としては安堵した格好となったが、シーズン開幕から続いていた浦和の苦しい戦いぶりを象徴したシーンだった。さらに森脇がペナルティーエリア内で相手を倒し、PKを献上してしまう。これをDF遠藤航に決められ、浦和はますます苦しい状況になった。

それでも、選手たちに焦りはなかった。

「相手がだいぶプレッシャーを掛けてくると思っていたし、そこで引っかかると相手のカウンターにハマってしまうと思ったので、前半は長いボールも使いながら、セカンドボールをしっかり拾おうと話していた」という那須の言葉通り、湘南に押されながらも、耐えて1失点に抑えていた。そして前半終了間際に宇賀神のFKを興梠がヘディングで合わせて同点に追いつくと、後半はペースを握り返した。前半から飛ばしていた湘南の運動量が落ちてスペースが生まれ始めると、浦和の選手たちは待ってましたとばかりに、そのスペースにどんどん侵入していき、パスを回し、チャンスを作り出した。75分、宇賀神が得意の左45度からゴールを決めて逆転すると、その2分後には青木のクロスを那須がやはり得意の頭で合わせて勝負を決めた。

この試合で人一倍戦っていたのが阿部である。

宇賀神は「あんなに気合いが入った阿部ちゃんは見たことない。どちらかと言えばプレーで引っ張るタイプだけど、今日は全員を鼓舞して戦っていた。球際とかセカンドボールのところで阿部ちゃんが『もっと行け』と怒鳴り散らしていた」と話した。

阿部自身は、冷静に試合を振り返った。そして「1試合で終わらせずに続けてやっていくことが大事だと思う」と次の戦いへと視線を向けていた。

アウェイの湘南戦でシーズン初勝利を挙げたとはいえ、ブーイングに包まれたブリスベン戦以来のホームゲームとなった第2節・山形戦には、不安要素も少なくなかった。湘南戦に続き、李、ズラタンが負傷で欠場、湘南戦で首を痛めて前半のみでピッチを退いた興梠も0－0の62分で交代した。

攻撃的な選手のコンディションが万全ではない浦和は、5バックで守備を固める山形を相手にボールを保持するものの得点を挙げられなかった。

それでも、阿部は冷静だった。

「前半は相手が引いてきて、3ボランチが勢いよくサイドまでプレスに来ていたので、そこをうまく走らせるように意識していた」

その狙い通り、後半は時間を追うごとに山形の運動量が落ちてスペースが空き始める。ミシャも、そこを見逃さずに、武藤、高木、関根といった自分から仕掛けることのできるアタッカーを、次々と投入して畳み掛ける。

そして迎えた83分。森脇のクロスを相手DFがクリアすると、こぼれ球に反応したのは、中盤の底に入っていた22番だった。前回の埼玉スタジアムでのゲームを終え、サポーターに全身全霊で訴えたキャプテンは、走り込んだ勢いそのままに、飛ぶようにして右足を一閃する。驚異的なスピードのボールが昨季まで浦和でプレーしていた山岸が守るゴールに突き刺さった。

阿部は「ギシさんだったんでね、思い切り振り切ってやった」と笑いながら「2連勝したけど、その前に3連敗があって、先週やっと一つ勝つことができた。続けていけるかどうかが大事だったし、1試合、2試合で止まらないようにしないといけない」と気を引き締め直していた。

二人のキーマン。関根と武藤の台頭

公式戦3連敗という波乱のスタートを乗り越えて軌道修正できたのは、これまでの3年間で作って来た土台が強固だったからだろう。そして、4年目のミシャレッズは、ここから〝上積み〟を見せていく。

山形戦後、アウェイで行われた北京国安戦を落とすなど、ACLではなかなか結果が出せず、最後の1試合を残してグループリーグ敗退が決まった。ただ、大型補強によってACLを起用する選手を変えるターンオーバーで戦うことができたことが、リーグ戦の好成績につながった。

アウェイでの第3節の広島戦、第5節の川崎F戦は苦しみながらも何とか勝ち点を拾い、ホームで勝利を重ねていく。広島戦後は興梠の負傷欠場が続く状態だったが、その間に代わって先発メンバーに入ったズラタンが6試合4得点の活躍を見せた。第11節・仙台戦で興梠が後半からの出場で復帰すると、いきなり2ゴール。浦和は昨季までにはなかった選手層の厚さを見せた。

その中でも昨季との大きな違いとして二人の存在が挙げられる。それは関根と武藤だ。関根は前年にトップチームに昇格し、高卒1年目ながらスーパーサブの役割を果たしていた。かつて原口も背負った24番に背番号を変えた2015年。しかし、開幕前のキャンプでは新加入の橋本が左サイドに入り、宇賀神が右サイドに回ったことで、主に左サイドの2番手としてプレーするなど、「空いているところをやらされていた（笑）」状態であり、その段階でレギュラーに抜擢されるとは考えにくかった。

実際、ブリスベン戦からスタメンを5人代えたゼロックス・スーパーカップでは先発出場したものの、その後は途中出場とベンチ外。リーグ戦で初めて先発出場したのは１ｓｔステージ第４節の松本山雅戦だったが、その試合以降は負傷欠場した第９節のＧ大阪戦を除いて、１ｓｔステージの全試合に先発出場する。２０１４年はわずか１試合しかなかったリーグ戦のフル出場も、１ｓｔステージだけで７試合を数えた。

関根がレギュラーの座を確保した理由。それは何より彼の攻撃性だった。

まず今季リーグ戦初先発となった松本戦で積極的に仕掛けてサイドを制圧すると、終了間際の85分に生まれた森脇の決勝点をアシスト。以降もドリブルで仕掛けることを意識したプレーで左サイドに偏りがちだった攻撃を、むしろ右サイド中心に変えてしまうほどの存在感を出し続けた。そして第10節の仙台戦、第11節のＦＣ東京戦、第12節の鹿島アントラーズ戦と３試合連続でゴールを記録。ＦＣ東京戦と第13節のサガン鳥栖戦でのアシストを含め、多くの得点とチャンスに絡み、５月のＪリーグ月間ＭＶＰを受賞した。

この活躍で本人の意識も変化していく。鳥栖戦で連続ゴールが途切れてしまうと、「悔しいっす」と笑いながら「（ゴールを決められずに悔しいと思うのは）初めて。プロに入って点を取ることが自分の中でちょっと前と変わってきたと思うし、試合には勝てたけど、個人としては悔しい気持ちが大きかった」と得点へのこだわりが強くなったことを明かしていた。

２０１５シーズンのもう一人のキーマンが武藤だ。

武藤はミシャのサッカーにフィットするのがとにかく早かった。開幕前のキャンプの時点で戦術を学んでいったが、過去、広島在籍時にミシャの下でプレーしていた選手を除けば阿部、興梠と肩を並べるほどの飲み込みの早さだった。本人は「宇賀神さんが声を掛けてくれたりしていたのでありがたかった」と流通経済大学時代に居残り練習を一緒に重ねるなど、当時から仲の良かった先輩に感謝していたが、自身の明るいキャラクターですぐにチームに溶け込んだことも大きかった。特にチームのムードメーカーであり、リーダー的存在でもある槙野とキャンプで同部屋になったことは武藤にとって幸運だったのかもしれない。伸びた髪を半強制的にいわゆる〝槙野ヘアー〟にされた直後は「この髪型を続ける気はないし、早く伸びてほしい」と苦笑していたが、それも含めて槙野とすぐに仲良くなったことは、武藤にとって大きいことだった。

そんな武藤も、最初はどちらかといえば〝控え組〟だった。しかし、第5節・川崎Ｆ

戦で石原が右ひざ前十字じん帯損傷という重傷を負い、長期離脱となると、第６節の横浜Ｆ・マリノス戦で開幕戦以来となるリーグ戦での先発出場のチャンスを得る。すると１点ビハインドで迎えた42分、宇賀神のパスをワントラップしてシュートを放つと、ポストに当たって跳ね返ったボールを自ら押し込んで加入後公式戦初ゴールを決めた。チームも２－１の逆転勝利。さらに次節がＦＣ東京戦であることから、「ＦＣ東京の武藤嘉紀を意識するか？」という質問を受けると、「意識はしない」と言いながら、「〝じゃない方の武藤〟が決めたと書いておいてください」と、報道陣を笑わせた。

この試合の活躍でミシャの信頼をつかんだ武藤は、第12節のＦＣ東京戦から第10節延期試合（15試合目）の柏戦までに関根を超える４試合連続ゴールをマーク。浦和加入後リーグ戦出場14試合目にして仙台の４年間で決めた６得点に並んだ。

５月の月間ＭＶＰこそ関根に譲ったが、続く６月も４試合３得点の活躍で月間ＭＶＰを受賞する。

また、結果ばかりに目がいきがちだが、武藤を語る上で欠かせないのはミシャサッカーにおいて最も重要であるコンビネーションの中心にいたということ。特に１トップ

2シャドーの関係においても、宇賀神、槙野との左サイドの関係においても、同様のことが言える。武藤の特徴を端的に表したのが次の槙野の言葉だ。

「武藤は今までにいなかったタイプ。間、間で受けて、ワンタッチでトップに入れることができるし、前を向いて仕掛けることもできる」

そのプレーが浦和の特徴であるコンビネーションサッカーをさらに高めた。

〝親子〟の主張のズレ

チームとしては、前年からのテーマである『我慢』が継続されていた。相手に守備を固められても闇雲に攻めるのではなく、じっくりボールを回しながら相手の運動量が落ち、守備が緩むまで待つ戦いを継続、発展させた。

昨シーズンのリーグ戦34試合で32失点に抑えた守備に関しても、ミシャは「継続してさらに良い守備を構築したいと考えている」と話した。

強調されたのは、ボールを奪われてからの切り替えのスピードを上げること。できるだけ早くボールを奪い返す守備を取り入れた。切り替えが早くなったことで、ボール奪取できる位置が高くなった。それに合わせて昨季よりも最終ラインを高くし、前線から全員でボールを奪いに行く守備を浸透させていった。この守備が機能し、新戦力が躍動した浦和は、無敗で1ｓｔステージを制した。

無敗優勝は、Jリーグ史上初の偉業であることはもちろん、ホーム全勝もまた偉業だった。つまり、アウェイでは勝利を目指しつつ無理はせずにしっかり勝ち点1を持ち帰り、次のホームで勝ち点3を得る、という良い流れを継続させた。

ただ、1ｓｔステージ優勝はトロフィーがあるとはいえ、タイトルに数えられるものではなく、34試合で捉えれば第17節を終えて首位だったのは昨季も同じこと。チームはこの結果を素直に喜びながらも、あくまで年間勝ち点1位とチャンピオンシップ制覇が目標であることを再確認した。槙野も「優勝が決定した円陣の中でも『これは通過点にすぎない』と。誰一人満足していない」と話した。

最終節・新潟戦の2週間後、1stステージ優勝の余韻にひたる期間もさほどないまま、2ndステージの開幕を迎えた。

初戦の松本戦を苦しみながらも勝利し、好スタートを切ったかに見えたが、ことはそう簡単には運ばなかった。続くアウェイでの第2節・山形戦は運動量と球際で相手に劣り、ミスも多発して中央で起点ができずにサイド攻撃も生きないという戦いでスコアレスドロー。さらに第3節の広島戦では試合を優位に進めて相手の12本の倍近くに当たる23本のシュートを放ちながらも、得点は1点にとどまり1－2で敗戦。

1stステージから続いていた連続無敗試合数は18で止まり、続く第4節の名古屋戦も1－2で敗れてしまう。開始から22分で森脇が退場し、アディショナルタイムを含めて70分以上、10人で戦いながら、内容では上回っていたが、「同じようなゲームを2試合している」（ミシャ）状況に陥り、ついに連敗を喫した。この連敗で、1stステージ第1節から続けてきた年間勝ち点1位の座から陥落した。

良い試合をしながら勝てない。

この状態について「もしかしたら一番危険な状態かもしれない」と話したのは槙野

だった。

「修正する部分が見つからない」

１ｓｔステージとの違いについて問われた槙野は、「１ｓｔステージのときは、時間が経てば経つほど自分たちにとって有利な展開になるというのを選手自身が思いながらプレーしていたけど、２ｎｄステージに入って、勝てていない中で、時間が経つにつれての焦りがある」と吐露した。

日本代表が参戦する東アジアカップが開催されるため、リーグは7月下旬から2週間の中断期間に入る。柏木が内転筋の負傷により辞退をしたものの、浦和からは、西川、槙野に加えて武藤が代表に初招集された。

その後、リーグ再開初戦となった第6節のアウェイ・新潟戦、第7節のホーム・湘南戦と第8節のホーム・仙台戦で3連勝を飾り、再び上昇気流に乗るかと思われた。

しかし、待っていたのは厳しい現実だった。

３連勝で「１ｓｔステージの戦いが戻ってきた」と選手たちが再び自信を得て臨んだ第９節の横浜ＦＭ戦で０－４の大敗を喫してしまう。２０１４年から守備のバランスも考えた戦いをしてきたなかで、２０１３年の川崎Ｆ戦以来、２年ぶりとなる４点差以上での敗戦。浦和に対して形を合わせることなく［４－２－３－１］で戦う相手に対して、プレスがまったくハマらず主導権を握られ続けた。攻撃陣も、きっちりスライドしてボールサイドと中央を消す４バックを崩すことができなかった。

ここまでの完敗、つまり浦和が圧倒されて負けることは過去４年間でも極めて珍しいことだったが、続くナビスコカップ準々決勝第１戦の新潟戦でも、西川、槙野を代表で欠いていたとはいえ、０－５の大敗を喫してしまう。それはミシャが「21年間、監督としてキャリアを積んできたが、今日のゲームほど試合後、この記者会見に出ることが恥ずかしいと思ったことはない」と言うほどの試合。「それぞれがそれぞれの思いの下にプレーしていたと思うし、前掛かりになる中でミスを重ねてカウンターを食らって失点を重ねるという、あってはならない展開」であり、横浜ＦＭ戦同様に、４バックの相手に対してチームの規律もバランスも欠いたことが招いた大敗だった。

勝ち上がるためには５点以上が必要だったナビスコカップ準々決勝第２戦。埼玉スタジアムに訪れた観衆は、１万６，７８１人。ＡＣＬの３試合に続いて少ない集客数であり、休日の試合としてはこの年最低の数字だった。それでも選手たちは、普段と同等以上の声量で後押しするサポーターの前で、素晴らしい戦いを見せた。過去２戦、４バックの相手に圧倒されたこと、そして何より引き続き槙野を欠いたことにより、この試合では右から森脇、那須、阿部、宇賀神という、ミシャとしては極めて異例の４バックで臨んだ。

前半は５点を奪うために猛然と攻撃を仕掛けるのではなく、慎重に戦っているように見えた。ただ、それはリスクを避けることが狙いだったわけではなく、「うまくいかなかった」（柏木）結果だった。しかし、後半はこの試合の前半はもとより第１戦、さらにリーグ戦の横浜ＦＭ戦とは見違えるような戦いを展開する。チーム全体で果敢に攻撃を仕掛け、15分間で３点を奪った。結果として２戦合計３－５で準々決勝敗退となったが、浦和らしい戦いができたことはリーグ戦にもつながり、第10節・柏戦、第11節・清水戦、第12節・鹿島戦で３連勝を果たす。

第12節・鹿島戦は、相手に圧倒されてシュートはもちろんチャンスの数も明らかに上回られる展開だった。ただ、大敗を喫した横浜FM戦や新潟とのナビスコカップ第1戦とは異なっていた。後半から出場した高木は前半、ベンチで「出ている人たちの戦う姿勢を見て凄く刺激を受けた」という。それは戦う姿勢を最後まで貫けば苦しい試合も制することができるということを意味していた。

3連勝を果たしてリーグ戦は残り5試合。鹿島戦は〝戦う集団〟として勝利を収めたが、内容の面では修正が必要だった。

そして浦和にどうしてもつきまとう問題。それは終盤の失速である。ミシャが就任した2012年以降、シーズン最後の5試合を勝ち越したシーズンはない。そもそも終盤の5試合で勝ち越したシーズンは、リーグ優勝を果たした2006年まで遡らなければならない。2007年も残り5試合の成績は2分3敗と勝利なしで最終節に優勝を逃した。2014年も第31節の横浜FM戦で勝利してリーグ優勝に王手を掛けたものの、残り3試合で1分2敗。終盤に勝てないことが優勝できない大きな要因であり、それはミシャ体制というよりは浦和というチームの体質とも言えた。

第13節・鳥栖戦の2日前のトレーニングでミシャが雷を落とした。選手を怒鳴ることは決して珍しくないが、練習を強制終了させることはそうそうない。締まらない雰囲気でゲームの内容が悪かったのは明らかであり、柏木が「怒るやろな、と思った」と言えば、梅崎も「各々も良くなかったし、チームとしてもふわっとしていた」と、選手たちも自覚していた。

迎えた第13節の鳥栖戦、序盤は切り替えの早いサッカーを見せ、セットプレーから先制点を奪う。

そこまでは良かった。しかし、一瞬のスキを突かれてしまう。31分、宇賀神が吉田豊に裏を取られてシュートを放たれ、西川は何とかボールに足を当てたもののそのままゴール。鳥栖が後方でボールを回しているときから最後のスルーパスまで、いずれもボールホルダーに対するプレッシャーが緩く、そこまでボールを運ばれたことに問題があるとも言えた。

そして後半は「ギアを上げられない選手が多かった」とミシャが言った通り、立ち上がりとは異なりチーム全体として精彩を欠き、チャンスらしいチャンスを作れないまま終わった。何としても1点を取る、という覇気も感じられない。それはミシャが雷を落とした2日前の練習の雰囲気にも似ていた。

続く第14節・G大阪戦。敵地である上、昨年のように勝てば優勝が決まる状況ではなかったが、年間勝ち点1位のために「大事な試合」という位置付けで臨んだ試合だった。しかし、立ち上がりが悪く、7分と早い時間に先制を許すと、後半にもセットプレーから追加点を許す。途中出場のズラタンがアディショナルタイムに1点を返したが、1−2のまま試合終了のホイッスルが鳴った。残り5試合から2試合勝利なし。年間勝ち点で広島に並ばれ、得失点差で首位から陥落した。

試合後、不穏な空気が漂っていた。広島時代から一緒にプレーしている選手たちから、監督批判ともとれる言葉が発せられたのだ。

槙野はこう語っている。

「今は（勝ち点の）貯金があるだけに、自分たちがボールを持てるときに森脇と僕に『高い位置を取れ』という指示が出る。そのとおりにすると、どうしてもバランスが良くない。阿部も後ろに下がっている状態で中盤ががら空きになっている。そういうバランスのところに問題があることに選手は気付いているけど、監督の指示の中でやっているのが正直あまり良くない。プレーするのは僕たちだし、悪いところは自分たちで修正しないと。良かったときのことをもう1回思い出して、バランスを取り直すことが大事」

柏木の分析はこうだ。

「監督はずっと『下がれ』と言っていたけど、俺のタイミングで下がりたいときは下がる。俺は試合の状況を見ながらやっているわけやから、そういうところのメリハリをつけてやればもっと良いのかなって思う。試合中は監督に動かされてサッカーをするわけじゃない。もちろん指示があったりするけど、自分たちでその試合を読んでやっていかないといけないし、監督が言ったときにはもう違う展開になっているので、もうちょっと落ちついてほしいという思いはある」と指揮官に対して反旗を翻すような発言をしたのだ。

彼らの発言は、指揮官との信頼関係の下で成り立っているものであり、そして彼らがミシャに対して意見することは特に珍しいことではない。ただ、チーム状況が芳しくないことは確かだった。

鈴木啓太の退団発表

続く第15節・FC東京戦に向けた週には、浦和で16年間プレーしてきたMF鈴木啓太が、自らのSNS等を使って、今季限りで浦和を退団することを発表した。鈴木の退団発表を受け、チームメートは次のような反応を示していた。

「ずっと一緒にやってきて良い思い出しかないので、さらに良い思い出を作って終われればと思う。僕らにできることは残りの試合でしっかり勝って、笑って送り出してやること」(阿部)

「唯一と言えるぐらい何でも話せる先輩だった。その一言一言に助けられたし、本当に感謝している。一緒にカップを掲げたい。それだけをイメージして。最後に花をもたせられるように、やります」(梅崎)

挙げればキリがないが、彼らだけでなくすべてのチームメートが鈴木に対する感謝、尊敬の念を示すとともに、彼を笑顔で送り出したい、そのために優勝するという思いを高めていた。

この週のトレーニングでは関根や梅崎がゲームにフル参加せずに一部別調整を行ったり、試合２日前ながらランニングのみで終了したりするなど、選手たちのコンディションが万全ではなく、通常通りのメニューがこなせない状況だった。また、練習中もいつものような活気がない。これは本当に下降線を辿ってしまうのかもしれない。そんな悪い予感もあった。

選手たちは何とか調子を取り戻そうと必死だった。特に並々ならぬ意欲を燃やしていたのは関根である。２ｎｄステージは１ｓｔステージと比べて持ち味を出す試合が明らかに減り、Ｇ大阪戦では先発出場して初めて前半のみで交代を命じられた。初めてU－22代表に選出された週でもあったが、現状に対する悔しさのほうが強かった。

「Ｇ大阪戦は悔しかったし、もっともっとやらないといけない」

そして自身が生き生きとプレーしていた１ｓｔステージを振り返って気づいた。

「自分はある意味、試合の流れを読まずにいくところが良かったのかなとも思う。消極的になっては自分らしさはなくなってしまう」

プロ2年目にして初めてレギュラーとしてフルシーズンを戦おうとしていることによる肉体的、精神的な疲労もあっただろう。加えて先発出場を重ねることで、さまざまな役割を必要以上に考え、果たそうとしてしまっていた。それは自分でも分かっていた。それでも1stステージの頃を思い出し、自身のプレーを出せるようにともがいていた。

また、柏木もG大阪戦後の発言について次のように説明した。

「試合が終わった後はいろいろ言ったけど、監督のサッカーで結果が出てきて終盤になってうまくいかないときに『ああすればいい』、『こうすればいい』っていうのは俺たちが間違っていることの方が多い気がする。基本的にはベースに監督のサッカーがあって、監督の選手のチョイスが成功しているからここまで来られている。だから最後まで監督がどうしたいかっていうことを信頼してプレーしていくことが、今はチームの強さにつながっていくのかなという気がする。それがダメだったら仕方ない」

いわば〝親子〟のような関係であるがゆえに感情的になったが、冷静に考えを整理した。それはある種の弁明だったのかもしれないが、「いつもここ（終盤戦）からブレることもある」のは確かであり、ブレないために監督を信頼して戦うという意思表明でもあった。ここでバラバラになってしまっては意味がない。チームが調子を取り戻すために最良の選択をしようとしていた。

ミシャも試合前、選手にメッセージを送る。「必要以上に力んで、プレッシャーを感じて戦うのはやめよう。われわれがチャンピオンシップに出場することは決まっている。だから思い切って自分たちのサッカーをしよう」

それは自分に言い聞かせる言葉でもあったのかもしれない。チーム全体が年間勝ち点1位を目指すあまりにプレッシャーを感じていたことは確かだった。

迎えた第15節・FC東京戦。選手たちはミシャの言葉通り、自分たちのサッカーを披露する。チーム全体で走り、アグレッシブに戦う。攻守の切り替えは速く、球際で激しいプレーを見せ、敵陣で多くのセカンドボールを拾った。それはミシャが口癖のように毎試合前に話すチームの根幹であった。関根はファーストプレーから果敢に仕掛け、リーグ戦で実に12試合ぶりとなるゴールを決めた。柏木はビルドアップのために最終ラインに吸収されるのではなく、積極的に高い位置を取って攻撃をコントロールし続け、先制点も奪った。

後半は前半と打って変わって前線からプレスを掛けてくるFC東京に押し込まれる展

開が続き、3失点したことは課題として残ったが、結果が重要だった試合でしっかり勝ち点3を手にした。そして、自分たちのサッカーで戦うことが重要であることを再認識したチームは、第16節・川崎F戦も好ゲームを演じた。結果は1－1のドローだったが、内容は悪くなかった。そして最終節の神戸戦は5－2の大勝。退団からその場の発表で現役引退へと形を変えた鈴木のセレモニーに花を添えた。ここですべてが決まるのではなく、チャンピオンシップを残しているという状況ではあったものの、過去2年は1勝もできていなかったレギュラーシーズンの残り3試合を、2勝1分で終えた。

チャンピオンシップ、痛恨の118分

1stステージ優勝、年間勝ち点2位という結果に終わった浦和は、チャンピオンシップを準決勝から戦うことになった。相手はG大阪だった。

自分たちのスタイルを取り戻した浦和は、試合に向けて特別にG大阪対策をすること

もなく、いつも通りの意識づけで、いつも通りにトレーニングを進めた。練習の雰囲気は昨季のリーグ第32節のG大阪戦のような異常なハイテンションになることもなく、もちろん緩むこともなく、締まった良い雰囲気で行われていた。

唯一の不安材料。それは興梠の状態である。シーズン序盤に痛めた首の負傷が再発し、最終節の神戸戦を欠場していたエースは、試合3日前の実戦練習を回避し、試合2日前も途中からの参加で控え組でのプレーにとどまった。万全でないことは確かであり、メンバー入りはできそうだと思われたが結局、G大阪戦はメンバー外。決勝に照準を合わせた。

しかし、興梠を決勝の舞台に連れていくことは叶わなかった。

埼玉スタジアムで行われたチャンピオンシップ準決勝。1－1で迎えた延長後半も残り2分。PK戦も視野に入ってきた118分のことだった。ズラタンのプレッシャーを避けたG大阪DF丹羽大輝がGK東口順昭へ送った浮き球のバックパスは、オウンゴールを予感させる軌道だった。GK東口がオーバーヘッドキックでわずかにコースを変えたボールは、ポストに当たって外へ弾かれる。ゴールになっていてもおかしくなかったプレーに、浦和の選手たちは一瞬足を止めた。

そのスキをG大阪は見逃さなかった。

東口はすぐさま右サイドの前方へボールを送ると、オ・ジェソクが2タッチ、遠藤保仁が1タッチ、パトリックが2タッチと素早くつなぎ、パトリックのパスを受けた米倉恒貴が2タッチでクロス。ゴール前の人数は5対4。浦和の守備の人数は足りていなかった。藤春廣輝のシュートはGK西川が精一杯手を伸ばしても触れることができず、ゴール右隅へ突き刺さった。あまりにも痛すぎる失点だった。さらにアディショナルタイムにもパトリックにダメ押しのゴールを許した。

1−3の敗戦。悔やむべきポイントを挙げたらキリがない。ただ、2失点目は「アクシデント的な丹羽ちゃんのバックパスからみんなが気を緩めた瞬間にやられてしまった」と柏木が言った通りだったが、延長後半終了間際のあのプレーで足を止めるなと言う方が酷だろう。むしろそれでもクリアするのではなく前方につないだ東口をはじめ、あの時間帯でも少ないタッチで素早くつないでゴールまで決めたG大阪を褒めるべきだ。

那須が自陣でパスを奪われた1失点目も避けなければならないミスであり、那須へつないだ西川も後半立ち上がりでG大阪が明らかにプレッシャーを掛けに来ている状況を考えればつながずに蹴ってもよかった。ただ、後方からつなぐことは浦和のスタイルでもある。あのパスが通っていればチャンスになっていた可能性も否めない。

やはり惜しむらくはチャンスで追加点を奪えなかったこと。特に最大のチャンスであると同時に決めていれば試合が終わっていた後半終了間際の決定機を外した武藤は「素晴らしいボールが上がってきたのでヘディングで叩き込むだけだと思ったけど、ＧＫに弾かれてしまった。鮮明に思い出せるわけじゃないけど、もしかしたら逆サイドを狙った方が良かったかもしれないし、紙一重の部分だと思うし、決めてあそこで試合を終わらせられなかったことが残念」と悔やんだ。その目には涙が浮かんでいたようにも見えた。

ただ、阿部は何度も「結果がすべて。それしか言えない」と繰り返した。「ホームの後押しもあって追いつけて、逆転できるチャンスもあった。逆に数少ないチャンスを決められて負けるというのも結果なので、止めなくてはいけなかった。次のステージに行くためにはまだまだ何か足りなかったんじゃないかなと思う」。

ミシャレッズは、またしても頂点に手が届かなかった──。

2015年3月9日・10日発売　ELGOLAZO／1567号裏表紙
J1・1st第1節・湘南戦マッチレポート

ACLとゼロックス杯で公式戦3連敗という苦境に立たされた浦和だったが、リーグ開幕戦で勝利。主将の阿部は人差し指を立ててこの1勝の大きさを訴えた

ELGOLAZO　2015 浦和レッズ 変革の記録❷

2015年5月25日・26日発売　ELGOLAZO／1600号表紙
J1・1st第13節・鹿島戦マッチレポート

1stステージを無敗で走っていた浦和。
シーズン途中から先発に定着した関根が第13節・鹿島戦でリーグ戦3試合連続ゴールを記録。
背番号は今季からかつて原口がつけた24に

2015年11月28日・29日発売　ELGOLAZO／1675号表紙
Jリーグチャンピオンシップ準決勝プレビュー

1stステージ覇者、年間順位2位という立場で臨んだチャンピオンシップ。
準決勝で年間3位のG大阪と対戦した。結果は1-3の敗北。
またもリーグタイトルに手が届かなかった

＜2015公式戦戦績＞

日付	カテゴリー	節	H/A	対戦相手	スコア	得点者
2月25日	ACL	1	A	水原三星	1●2	森脇
2月28日	ゼロックス			G大阪	0●2	
3月 4日	ACL	2	H	ブリスベン・ロアー	0●1	
3月 7日	J1 1st	1	A	湘南	3○1	興梠、宇賀神、那須
3月14日	J1 1st	2	H	山形	1○0	阿部
3月17日	ACL	3	A	北京国安	0●2	
3月22日	J1 1st	3	A	広島	0△0	
4月 4日	J1 1st	4	H	松本	1○0	森脇
4月 8日	ACL	4	H	北京国安	1△1	槙野
4月12日	J1 1st	5	A	川崎F	1△1	ズラタン
4月18日	J1 1st	6	H	横浜FM	2○1	武藤、梅崎
4月21日	ACL	5	H	水原三星	1●2	ズラタン
4月25日	J1 1st	7	H	名古屋	2○1	関根、武藤
4月29日	J1 1st	8	A	甲府	2○0	梅崎、ズラタン
5月 2日	J1 1st	9	H	G大阪	1○0	ズラタン
5月 5日	ACL	6	A	ブリスベン・ロアー	2○1	興梠、武藤
5月10日	J1 1st	11	A	仙台	4△4	阿部、興梠2、関根
5月16日	J1 1st	12	H	FC東京	4○1	李、関根、武藤、梅崎
5月23日	J1 1st	13	H	鹿島	2○1	武藤、関根
5月30日	J1 1st	14	A	鳥栖	6○1	武藤、柏木、興梠、ズラタン2、梅崎
6月 3日	J1 1st	10	A	柏	3△3	梅崎、槙野、武藤
6月 7日	J1 1st	15	H	清水	1○0	興梠
6月20日	J1 1st	16	A	神戸	1△1	梅崎
6月27日	J1 1st	17	H	新潟	5○2	興梠2、武藤2、那須
7月11日	J1 2nd	1	A	松本	2○1	武藤、興梠
7月15日	J1 2nd	2	A	山形	0△0	
7月19日	J1 2nd	3	H	広島	1●2	関根
7月25日	J1 2nd	4	A	名古屋	1●2	OG
7月29日	J1 2nd	5	H	甲府	1△1	阿部
8月12日	J1 2nd	6	A	新潟	2○1	ズラタン、梅崎
8月16日	J1 2nd	7	H	湘南	1○0	槙野
8月22日	J1 2nd	8	H	仙台	3○1	柏木、武藤、ズラタン
8月29日	J1 2nd	9	A	横浜FM	0●4	
9月 2日	ナビスコ	準決勝第1戦	A	新潟	0●5	
9月 6日	ナビスコ	準決勝第2戦	H	新潟	3○0	阿部2、李
9月11日	J1 2nd	10	H	柏	1○0	高木
9月19日	J1 2nd	11	A	清水	4○1	森脇、興梠、武藤、柏木
9月26日	J1 2nd	12	A	鹿島	2○1	高木、興梠
10月 3日	J1 2nd	13	H	鳥栖	1△1	興梠
10月17日	J1 2nd	14	A	G大阪	1●2	ズラタン
10月24日	J1 2nd	15	A	FC東京	4○3	柏木、武藤、関根、槙野
11月 7日	J1 2nd	16	H	川崎F	1△1	興梠
11月11日	天皇杯	4回戦		町田	7○1	橋本、李、関根2、阿部、高木、興梠
11月22日	J1 2nd		H	神戸	5○2	武藤、李、柏木、青木、梅崎
11月28日	CS	準決勝	H	G大阪	1●3	
12月26日	天皇杯	準々決勝		神戸	3○0	
12月29日	天皇杯	準決勝		柏	1○0	李
1月 1日	天皇杯	決勝		G大阪	1●2	興梠

エピローグ

――ミシャレッズ、最終段階へ――

変革。

浦和のこの4年間を表すとすれば、その二文字が真っ先に思い浮かぶ。変革の途中と言った方が良いのかもしれない。ただ、シーズンの最後まで残留争いをした2011年を受けて、ミシャを迎えた2012年からの4年間で、浦和は変わった。

確かに、タイトルをつかむことはできていない。浦和が戦っているのは勝負の世界であり、決して満足はできない。しかしこの4年間、常に優勝争いを演じてきたのも事実。その成績は他クラブと比較しても誇れるものだ。

この4年間、浦和を含めてリーグ戦で3位以内に入り続けたチームは一つもない。その数は浦和と広島が3回、G大阪が2回、仙台、横浜FM、川崎F、鹿島が1回ずつ。広島の4年中3回の優勝というのはもちろん偉業だが、2014年は早々と中位に沈み、8位でシーズンを終えている。浦和は2012年に3位、2013年は終盤4試合の1分3敗（3連敗）で順位を落とし、6位に終わったが、第32節終了時までは優勝の可能性を残していた。そして2014年は2位、2015年は1stステージを制し、年間勝ち点2位からのチャンピオンシップ出場に出場している。この4年間で常に優勝争いをしてきたのは浦和だけだ。

リーグ戦の勝ち点も、2012年は残留争いを演じた2011年の『36』から『55』に伸ばし、2013年は『58』、2014年は『63』、そして2015年はリーグ優勝を果たした2006年に並ぶクラブ史上最多タイの『72』ポイントを獲得した。2015年も年間勝ち点1位になることはできなかったが、浦和は年々、確実に勝ち点を伸ばし続けている。それは評価されるべきことだ。

ただ、「優勝しないと浦和レッズというチーム名は歴史に残らない」(阿部)。完全に生まれ変わったと言い切るために、タイトルが必要なことも間違いない。これまであと一歩のところで逃し続けてきたタイトル。それを獲得するためには一体何が足りないのか。

天皇杯決勝を終えて、肩を落とした興梠。鹿島では何度もタイトルを獲得してきた彼でも、タイトルが懸かった試合は難しいのだろうか。

「(鹿島時代は)簡単だったんですけどね。決勝まで来たら獲れる気しかしなかった。いまは、あらためて難しさを感じている」

タイトルを獲れない理由。言い換えれば来季の課題とも言えるが、大きく分けて二つ挙げられる。

まずはチーム全体の守備だ。槙野智章は天皇杯決勝後、「今よりもっと新しいことにチャレンジしていかないといけない」と話し、こう続けた。

「今の時点でチームにとって一番必要なのはチーム全体での守備だと思う。守備の構築を今年はやっていかないといけないし、キャンプで時間があるので、チーム全体で守備の練習の時間を作ってもらうことが大事だと思う。相手に応じて前から行くところと行かないところのメリハリをつけることと、攻め込まれた時にブロックを作るところの意思疎通がチーム全体でまだ図れていない。一人ひとりの能力が高い分、そこでケアしているという感じだが、チーム全体としての決まりごとは正直はっきりしていないので、そこはタイトルを獲るためには必要になってくることだと思う」

２０１５年。チャンピオンシップを終えて天皇杯を迎えるまでの期間、チームは守備の構築にも取り組んできた。ミシャがゲームを途中で止め、「シンゾー！　スプリント！ムトー！　スプリント！」と叫びながら、身振り手振りで前線からのプレスの掛け方を指示する。それは「かなり珍しい」（梅崎）ことであり、「新しいチャレンジ」（槙野）だった。

同時に選手たちは前線からプレスを掛ける時とブロックを敷く時のメリハリも意識していた。守備の構築に関してはミシャのトレーニングで明らかに欠如している点だが、来季に向けてより意識して取り組んでいくことになりそうだ。

そしてもう1点は個の力だ。天皇杯決勝に限った話ではないが、相手より明らかに多くのチャンスを作りながら決定機を逃す、または決定機になりそうな流れを潰してしまう試合は少なくない。相手より多くのチャンスを作ることはミシャの指導、トレーニングの賜物であるが、宇賀神友弥は天皇杯決勝を終え、「プラスアルファをもたらせる選手」、つまり自らがチームを勝利、タイトルに導ける存在に「ならなければいけない」とした。

その点について特に強く感じていたのは関根貴大だった。2015年はトップに昇格して2年目。レギュラーとしてほぼフルシーズンを戦った初めてのシーズンだったこともあるだろう。ただやはり、最後までタイトルを獲れなかったことがより強くそう思わせた。

「自分がうまくなれればチームは絶対に勝てるし、そういう選手になっていかないといけないという実感が、この1年を終えてさらに強くなった」

本文でも触れたが、ミシャのサッカーは誰か一人に頼るサッカーではない。全員で作り上げるものだからこそ、それが選手たちのやりがいにもなっているし、ミシャのサッカーの求心力にもなっている。だが、その中で選手たちがより強く個を意識するということは、つまり最終段階へと入っているということだろう。攻撃に関してベースはできている。ここに個の力が備われば、チームは一段階も二段階もレベルを上げられる。それはサッカーにおいて最も難しいことだが、最も重要なことでもある。

もちろんタイトルを獲るために成長しなければならないのは、選手だけではなく、ミシャも同じだ。それはミシャ自身も自覚している。それを明かしたのは宇賀神だった。宇賀神はミシャを信頼する理由の一つとして、その点について話している。

「監督は常に『自分も成長しないといけない』ということを言っている。その成長のために、何でもいいから一つタイトルが必要だと思う」

ミシャは言わばロマンティストであり、リアリストではない。それが究極の勝負の際に足枷になっている部分もある。宇賀神はミシャに気を遣ったのだろう、その言葉を避けたが、「ミシャ自身もそう言っている」と認めた。

ミシャ自身、自分の哲学の中で理想を追いながらも、それだけに囚われず、選手たちの意見も取り入れながら年々、リアリスティックな面を見せるようになってきた。それは浦和の監督として、タイトルを獲るための変化だ。そうした変化が見られる4年間でもあった。

そしてミシャは2016年のビジョンについて次のように話した。

「われわれが常に他のクラブと違うやり方で、クラシックなやり方ではなく常に新しいものにチャレンジしながら、見ている人たちが『今の浦和はどうなんだろう?』という興味を持ってもらえる戦いができたことは非常に良かったと思っている。ただ、毎年、毎年、同じような戦いをしていれば、相手もわれわれの対策を練ってくる。だからこそわれわれは来シーズンに向けても相手の対策を一歩上回る新しいものを取り入れて、新しいものにチャレンジして戦っていきたいと思っている」

ミシャ体制5年目。今度こそタイトルを獲ることはできるのか。そしてタイトルを獲得した時、それはここまでの集大成であると同時に浦和にとって第2の黄金期、いや、最初の黄金期とは異なり、長く続くであろう新時代の幕開けとなる。

あとがき

僕が浦和の担当になったのは、ミシャが監督になったのと同じ2012年からでした。大学卒業後からメディアの仕事にかかわり、記者として取材をしてきた年数はそれなりにあったとはいえ、エルゴラッソの記者になってまだ2年目というタイミングでのことでした。まさか浦和レッズの担当になるとは想像すらしていませんでした。

浦和は言わずもがな日本最多のサポーターを擁する人気クラブ。自分にそのクラブの担当が務まるのかと、少し仰け反った感もありました。ただ、チャンスと思ったのも確かです。担当記者となってからの4年間、変革に乗り出した浦和レッズというクラブを、練習場からスタジアムまで日々追い掛け、エルゴラッソ本紙を通じてその歩みを伝えてきました。そして今回、こうして一冊の本にまとめることであらためて多くの人に伝えられることを、本当にうれしく思っています。

この本を執筆できたのは僕だけの力ではありません。編集に携わってくださったみなさんはもちろんのこと、浦和を作り上げた選手、スタッフ、ファン・サポーターのみなさん、日頃の取材でお世話になっているメディアのみなさんのお力があったからです。すべての方に感謝申し上げます。

浦和はこの4年間で、タイトルまであと一歩に迫りながら手にできませんでした。やはり担当記者としてもこのチームが優勝する姿を見たい、優勝原稿を書きたいという気持ちは強いです。また、この本の続編を書くためにも、あらためて日々の取材に力を入れ、浦和の変革の行方を追って行きたいと思っています。読者の皆様、引き続きよろしくお願い致します。

2016年1月

菊地正典

著者プロフィール

菊地 正典

Masanori Kikuchi

1981年生まれ。福島県白河市出身。埼玉大学卒業後、モバイルサイト『超ワールドサッカー』を運営する会社に入社。日本代表を担当し、国内外問わずさまざまな場所で取材を経験。2011年にフリーランスになり、サッカー専門新聞『エル・ゴラッソ』の記者も務める。2012年から浦和担当になり、2016シーズンで5年目を迎えた。本著が初の著書となる。

浦和レッズ 変革の四年

サッカー新聞エルゴラッソ
浦和番記者が見た
ミシャレッズの1442日

2016年2月 5日　初版第1刷発行
2016年2月25日　第2刷発行

著者　菊地 正典
発行人　山田 泰
発行所　株式会社スクワッド
〒150-0011　東京都渋谷区東1丁目26-20東京建物東渋谷ビル別棟
お問い合わせ　0120-67-4946
編集　寺嶋 朋也、河合 拓
装丁　スクワッド
DTP　武井 一馬
印刷　凸版印刷株式会社

ISBN 978-4-908324-05-5